Tucholsky Wagner Zola Scott Sydow Freud Schlegel
Turgenev Fonatne Wallace Freud
Twain Walther von der Vogelweide Fouqué Friedrich II. von Preußen
Weber Freiligrath Frey
Kant Ernst
Fechner Fichte Weiße Rose von Fallersleben Richthofen Frommel
Hölderlin
Engels Fielding Eichendorff Tacitus Dumas
Fehrs Faber Flaubert
Eliasberg Ebner Eschenbach
Feuerbach Maximilian I. von Habsburg Fock Zweig
Ewald Eliot Vergil
Goethe Elisabeth von Österreich London
Mendelssohn Balzac Shakespeare Dostojewski Ganghofer
Lichtenberg Rathenau Doyle Gjellerup
Trackl Stevenson Hambruch
Mommsen Tolstoi Lenz Droste-Hülshoff
Thoma Hanrieder
Dach von Arnim Hägele Hauff Humboldt
Verne Rousseau Hagen Hauptmann Gautier
Karrillon Reuter
Garschin Baudelaire
Damaschke Defoe Hebbel
Descartes Hegel Kussmaul Herder
Wolfram von Eschenbach Dickens Schopenhauer Rilke George
Bronner Darwin Melville Grimm Jerome
Campe Horváth Aristoteles Bebel Proust
Bismarck Vigny Barlach Voltaire Federer Herodot
Gengenbach Heine
Storm Casanova Tersteegen Gilm Grillparzer Georgy
Chamberlain Lessing Langbein Gryphius
Brentano Lafontaine
Strachwitz Claudius Schiller Kralik Iffland Sokrates
Katharina II. von Rußland Bellamy Schilling
Gerstäcker Raabe Gibbon Tschechow
Löns Hesse Hoffmann Gogol Wilde Vulpius
Luther Heym Hofmannsthal Gleim
Roth Klee Hölty Morgenstern Goedicke
Luxemburg Heyse Klopstock Homer Kleist
Machiavelli La Roche Puschkin Horaz Mörike Musil
Navarra Aurel Musset Kierkegaard Kraft Kraus
Nestroy Marie de France Lamprecht Kind Kirchhoff Hugo Moltke
Laotse Ipsen Liebknecht
Nietzsche Nansen Ringelnatz
Marx Lassalle Gorki Klett
von Ossietzky May vom Stein Lawrence Leibniz Irving
Petalozzi Knigge
Platon Michelangelo Kafka
Sachs Pückler Kock
Poe Liebermann Korolenko
de Sade Praetorius Mistral Zetkin

Der Verlag tredition aus Hamburg veröffentlicht in der Reihe **TREDITION CLASSICS** Werke aus mehr als zwei Jahrtausenden. Diese waren zu einem Großteil vergriffen oder nur noch antiquarisch erhältlich.

Symbolfigur für **TREDITION CLASSICS** ist Johannes Gutenberg (1400 — 1468), der Erfinder des Buchdrucks mit Metalllettern und der Druckerpresse.

Mit der Buchreihe **TREDITION CLASSICS** verfolgt tredition das Ziel, tausende Klassiker der Weltliteratur verschiedener Sprachen wieder als gedruckte Bücher aufzulegen – und das weltweit!

Die Buchreihe dient zur Bewahrung der Literatur und Förderung der Kultur. Sie trägt so dazu bei, dass viele tausend Werke nicht in Vergessenheit geraten.

Uber das höchste Gut

Gustav Theodor Fechner

Impressum

Autor: Gustav Theodor Fechner
Umschlagkonzept: toepferschumann, Berlin

Verlag: tredition GmbH, Hamburg
ISBN: 978-3-8424-8954-7
Printed in Germany

Rechtlicher Hinweis:

Ziel der TREDITION CLASSICS ist es, tausende deutsch- und fremdsprachige Klassiker wieder in Buchform verfügbar zu machen. Die Werke wurden eingescannt und digitalisiert. Dadurch können etwaige Fehler nicht komplett ausgeschlossen werden. Unsere Kooperationspartner und wir von tredition versuchen, die Werke bestmöglich zu bearbeiten. Sollten Sie trotzdem einen Fehler finden, bitten wir diesen zu entschuldigen. Die Rechtschreibung der Originalausgabe wurde unverändert übernommen. Daher können sich hinsichtlich der Schreibweise Widersprüche zu der heutigen Rechtschreibung ergeben.

Über das höchste Gut.

Gustav Theodor Fechner.

Leipzig, 1846.

Druck und Verlag von Breitkopf und Härtel.

I.

Unter höchstem Gut verstehe ich den Endzweck, auf den alles Denken und Handeln, Dichten und Trachten des Menschen hinzielen soll, und zwar nicht nur des einzelnen, sondern in bezug auf welchen sich auch das aller Menschen vereinigen soll. Mit der Bestimmung desselben ist zugleich das höchste Sittenprinzip bestimmt. Man hat dieses höchste Gut wie das darauf gerichtete Handeln unter verschiedene Ausdrücke zu fassen gesucht, als: Gott zu Willen handeln, Gott ähnlich werden, Gott erkennen, Gott lieben, vernünftig handeln, naturgemäß handeln, sich als Glied des (organischen) Ganzen fühlen, dem man angehört; im Sinne und zur Erhaltung desselben handeln; die wahre Bestimmung des Menschen erfüllen, die wahre Bestimmung der Dinge erfüllen, für seine eigene Lust handeln, für anderer Lust handeln, möglichste sinnliche Lust, möglichste geistige Lust, ruhige Lust, bewegte Lust suchen, und was dergleichen mehr ist.

Bei den meisten dieser Formeln ist nicht unmittelbar verständlich, was damit gesagt sein soll; denn, was heißt Gott zu Willen handeln, Gott ähnlich werden, Gott lieben; was ist Sache der Vernunft; was ist naturgemäß; was ist der Sinn des Ganzen, dem man angehört? usw. Vielleicht wollen alle diese Prinzipe faktisch dasselbe, jedes bloß in einer andern Sprache, ja gewiß wollen alle faktisch dasselbe, denn alle sind nach der vorhandenen Moral, die im wesentlichen überall und zu allen Zeiten dieselbe gewesen, nicht die vorhandene Moral nach ihnen gemacht; es sind Versuche, deren Gesamtinhalt in eine Spitze scharf zusammenzudrängen. Aber das ist noch nicht die rechte Spitze, die selbst noch eine Analyse verträgt, ja bedarf; und dies gilt von den meisten jener Prinzipe.

Näher betrachtet zeigen sich nur die Prinzipe der Lust oder Glückseligkeit, wie man sie auch nennt, unmittelbar klar und verständlich; denn was Lust, Glück, was mehr, was weniger Lust, Glück ist, fühlt jeder unmittelbar; nur über die Mittel dazu kann man streiten, während man bei dem Ausdruck der übrigen selbst um die Sache zu den Mitteln noch streiten kann. Aber gerade die Prinzipe der Lust hat man mit vorzugsweiser Mißachtung beiseite gelegt; das Wort Lust selbst hat einen bösen Klang in der Sittenlehre gewonnen.

Dessen ungeachtet ist es wieder ein Prinzip der Lust oder Glückseligkeit, was ich im folgenden aufstelle, ein Prinzip, welches sich von den bisherigen bloß in dem einen Punkte unterscheidet, daß es ihre Einseitigkeit nicht teilt, indem es dieselben verknüpft.

Die Lust dünkt mich nach allem der Stein zu sein, der von den Bauleuten nur verworfen ist, daß er einst zum Eckstein werde. Es gilt aber, ihn auf die breite Seite zu legen; und man hat immer bloß die Kanten oder die schmalen Seiten ins Auge gefaßt; weil sie freilich stärker in den Blick einschneiden.

Die Sittenlehre selbst dünkt mich eine hohe Frau zu sein, mit einem ernsten dunklen Gewande, aber einem Antlitz, das von Lust leuchtet, über die ganze Menschheit hin leuchtet, in eine höhere Welt hinauf leuchtet. Es gilt nur, auch den Blick bis zur Höhe ihres Antlitzes zu erheben, statt ihn auf die dunkeln Falten ihres Kleides zu heften; weniger nach ihren Füßen zu blicken, womit sie jede Blume, die in ihrem Wege wächst, schonungslos niedertritt, als nach ihren Händen, aus denen zu allen Lustsaaten, die auf der Erde sprießen, erst der Samen, dann der Segen kommt.

II.

Betrachten wir die anerkannten Grundregeln der Moral, als: sei mäßig, keusch, gerecht, wahr, wohltätig, achte anderer Leben und Eigentum, sei der Obrigkeit und den Gesetzen gehorsam, trage Glaube, Hoffnung und Liebe zu etwas Göttlichem usw., wir werden keine finden, die nicht befolgt die Wirkung hätte, den Lustzustand, das Glück der Menschheit im ganzen, ja tief ins einzelne herab, zu sichern, zu wahren, zu fördern. Es sind gerade die Regeln, durch deren allgemeinste Befolgung der Lustzustand der Menschheit auch nach den allgemeinsten Beziehungen, in den tiefsten Fundamenten gesichert wird; es sind Wurzeln, die freilich losgehauen im Schober des Systems nichts von Lust verraten; wer aber im Garten des Lebens von ihnen aufwärts blickt, der sieht sie die Blütenkrone der Lust wirklich tragen, und er kennt an, daß sie nur da sind, diese zu tragen; und nennt endlich alles faul, was nicht Saft und Kraft im Trachten nach dieser Krone regt. Nur sie kann verraten, ob die Wurzeln selber gut sind.

Wie bei allen Fundamenten ist es aber leichter, die Bedeutung der moralischen Grundregeln als solcher zu erkennen, wenn man, anstatt auf das zu achten, was steht, so lange sie stehen, auf das achtet, was einstürzt, wenn sie selbst stürzen.

Wie nun würde es um den Lustzustand der Welt stehen, wenn jene Regeln aufhörten gültig zu sein, stehen in einer Welt, wo kein Gesetz der Mäßigung waltete, keiner dem Worte des anderen trauen könnte, keiner seines Eigentums, seiner Frau, seines Lebens sicher wäre, keine Gesetze und Obrigkeiten mehr das Leben zu ordnen, zügeln, in sichern Bahnen zu erhalten vermöchten, kein Glaube, keine Liebe, keine Hoffnung zu etwas Göttlichem walteten, wie stehen in einer Welt, in der nur eine dieser Regeln faul geworden wäre, nicht wenigstens im Durchschnitt befolgt würde? Und wer mag leugnen, daß, wenn diese Regeln von allen und überall befolgt würden, auch das Glück, die Lust in der Welt so allgemein und sicher vorbedingt sein würde, als es überhaupt durch Menschen für Menschen sein kann; denn Erdbeben und Wasserfluten können freilich nicht dadurch abgewendet werden. Nicht abgewendet, aber selbst ihr Schaden dadurch zum Besten gewendet werden. Auf dem Boden, der von Feuer, Sturm oder Flut wüst gelegt worden, baut Fleiß, Ordnung, Eintracht, Gesetz, Vertrauen auf höhere Hilfe, mit der durch das Unheil selbst gestählten Kraft alsbald schönere Städte auf. Die Krankheiten, die Gott den Menschen sendet, trägt am leichtesten der, der sie am besten trägt und heilt am leichtesten die Natur, die sich dem besten Maße fügt und immer fügte.

Wie nun kann man doch sagen, daß die Regeln, an denen all dies hängt bezugslos zur Lust seien? Freilich kümmern sie sich nicht um diese oder jene einzelne Lust, nicht um die Lust nun eben hier, nun eben jetzt, und so schließt der Mensch, der die Lust immer gleich fertig zubereitet in Schüssel und mit Löffel vor sich haben oder wie die Blume am dünnen Stiele greifen möchte, sie kümmern sich um die Lust überhaupt nicht; während das Wahre das ist: sie kümmern, sich nicht um die Einzellust, weil sie sich um die Lust des Ganzen im Ganzen kümmern; um das kümmern was alle Schüsseln und Löffel füllt und wieder füllt, um den Grund kümmern, der breit und weit eines Lust zugleich mit aller Lust begründet.

Aber so ist es, je fester ein Haus in seinen Fundamenten ruht, desto geneigter ist der oberflächliche Blick, den Nutzen der Fundamente selbst zu verkennen, weil das Haus dann umsomehr für sich zu stehen scheint; indes der tiefer strebende Blick, angezogen von der Größe und Würde der Fundamente, andererseits das Haus leicht nur als eine spielende und tastende Zutat derselben zu betrachten anfängt. So verachtet der eine die großen Grundlagen der menschlichen Lust und reißt Steine heraus, um sich Lusthäuser, die der nächste Wind umwehen wird, auf Sand zu bauen; der andere verachtet den Lustbau selbst und heißt Menschen sich in den Kellern der Fundamente vergraben.

Und nicht nur bezugslos, sogar feindlich gegen die Lust erscheinen dem kurzen Blick die moralischen Grundregeln. Erschrecken nicht die meisten, Lust suchend, ihnen auf dem Wege zu begegnen! Und freilich setzen sie der Lust allenthalben Schranken, aber sehen wir näher hin, so findet sich als das einzige Prinzip dieser Schranken doch nur das, um des Wachstums der Lust im Ganzen willen einzelne Momente derselben zu beschränken.

So zieht das Gesetz der Mäßigkeit dem Menschen den Becher halb ausgetrunken vor dem Munde weg; aber nur damit er nicht die Kraft von der Witwe Ölkrüglein verliere, mit der ihn die Natur für dich versehen; jedes Versagen ist nur ein Vertagen der Lust, um ihre Kraft und Mittel zu erhalten und zu stärken. Das Gesetz des Eigentums vertritt dir den Weg, wenn du in deines Nachbars Haus oder Garten brechen, in seinen Speicher, seine Kästen langen willst, aber ohne dies Gesetz würde es überhaupt weder Haus noch Garten, noch gute Früchte, noch Zierliches und Nützliches in Kisten und Schränken geben; jeder würde jedes ergreifen, stören und zerstören.

Die Erde für sich trägt üppig Unkraut, wilde Früchte und Tiere; aber der ganze Flor der Gärten, Wiesen und Felder, dessen sich unser Auge erfreut, der unsern Leib nährt, der unsern Gaumen letzt, alles, was fest und schön gefügt dasteht in einem gesicherten Leben, erblüht und gestaltet sich nicht aus der Erde, sondern aus diesem Gesetze. Das Gesetz der Nächstenliebe heißt dich das Kleid aus deinem eigenen Schranke nehmen und zu deinem ärmern Nachbar tragen, aber warum anders, als weil es hier eine Blöße zu decken findet, indes du schon über und über gedeckt bist, weil es dort müßig und kalt hing, nun wirkt es lebendig, wozu es gewirkt war, zur Lust, und wie es warm wird, indem es wärmt, so teilst du die Lust, die du gibst. Das Gesetz der Wahrheit legt deine Blößen bloß mit Schmerzen, aber verwandelt sie dadurch in Stärken. Das Kind, das sich durch Lügen die Rute ersparte, gewinnt ja nicht, indem es einst den Strick dafür gewinnt.

Geht alle moralischen Grundregeln einzeln durch, bei keiner wird sich ein anderes Prinzip der Lustverkürzung finden, als diese Absicht auf den Lustgewinn im Ganzen. Nur um den Taler Lust zu gewinnen, gebieten sie uns, den Pfennig Lust hinzuwerfen; nur um den Scheffel der Lust zu ernten, den Abstrich von der Metze der Lust zu machen; nur der Lust an Zerstörung der Lust treten sie selbst mit Drohung der Zerstörung gegenüber. Alles, was beiträgt, Lust im Ganzen zu erhalten und zu fördern, Unlust im Ganzen zu mindern, ist ihnen heilig, und wird uns heilig zu halten von ihnen geboten. Die schwerste Bürde und härteste Pein, die sie uns auferlegen, verhütet oder heilt doch nur noch schwerere Bürde, noch härtere Pein.

Das Gute in der Welt ist wie ein Rosenbusch im Garten. Kinder kommen und schelten den dornigen Strauch, indem sie nur den neidischen Wächter der Rosen sehen, reißen die Rosen ab zum schnell verwelklichen Kranze, und verwüsten den Strauch. Sie haben einmal Rosen gehabt und nicht wieder. Finstere Männer kommen und schelten den vergänglichen Flitter der Rosen, reißen sie ab, um sie unter die Füße zu treten, flechten den Dornenkranz ums Haupt, und sagen, das sei die ewige Krone, und das Blut, das von den Dornen rieselt, die himmlischen Rosen. Sie haben auch nicht einmal irdische Rosen gehabt.

Freilich ist einer mit dem Beispiele des Dornenkranzes vorange-
gangen; aber er nahm die Dornen nicht vom blühenden Busche,
sondern setzte den blutigen Kranz vom Haupte der Menschheit
hinüber auf sein eigenes Haupt. Das wandelte den Kranz zur ewigen Krone und das Blut in himmlische Rosen. Wer nun das Blut
und die Wunden nur von zwei Häuptern um die seines Einzelhaup-
tes abkauft, der hat zugleich in jenes einen Sinne und im Sinne der
größten Lust aller gehandelt; wer aber meint, daß Gott den Rosenbusch habe wachsen lassen, daß der Mensch die Dornen sich und
andern ins Fleisch drücke, der lästert Gott und seine Werke.

Was der Mensch tun soll, ist, mit Gebet sich zur Arbeit zu heben,
im Schweiße seines Angesichts den Garten zu graben, mit Bedacht
den Strauch zu wählen, zu pflanzen, zu veredeln, mit Geduld zu
pflegen, mit Hoffnung die Knospen zu grüßen, mit Freudigkeit die
Rosen zu pflücken, wenn sie am schönsten erblüht sind, mit Jauch-
zen den Becher und die Liebste damit zu kränzen, sie zum Reigen
zu führen mit den gleich bekränzten Nachbarpaaren, und endlich
Gott zu loben, der den Garten, den Strauch, die Rose, die Rebe, das
Mädchen und ihn selbst mit der Kraft zur Lust und Lust zur Kraft
geschaffen.

Um Kleineres als jene Arbeit ist die Lust in dieser Welt nicht zu
haben; aber die Arbeit um die Lust vermag dem Menschen selbst
Lust zu bringen.

Die größte Lust werden alle dann haben, wenn alle einträchtig
nach dem Größten der Lust arbeiten, jeder nach seinen Kräften und
Werkzeugen, und dies Größte wird nicht wachsen wie die Summe
derer, die dazu zusammenwirken, sondern wie das Vielfache dieser
Summe durch sich selbst.

In solch gemeinsames Trachten und Wirken greift nun jede der
moralischen Grundregeln von einer andern Seite her hilfreich, er-
munternd, fördernd, wo not tut drohend und gebietend ein. Jede
scheint etwas ganz anderes zu verlangen und zu wollen als die
andern; aber eins und nur eins ist, worin alle einig sind, diese Richtung auf das Größte der Lust. Es sind Schwestern mit verschiedenen
Gestalten, Mienen und Sinnesweisen; aber gemeinschaftlich wirken
alle an dem großen Teppich der Lust, jede mit einem Faden, der

durch das Allgemeine und Ganze läuft, dem Teppich, auf den Gott seine Füße setzen will, wenn er wandelt in der Welt des Wandels.

III.

Was sich so in allen moralischen Grundregeln, alle verknüpfend, alle bindend, wiederfindet, fasse ich nun in ein allgemeines, oberstes, rückwärts wieder alle Regeln des Handelns aus sich gebärendes, verknüpfendes, bindendes, richtendes, messendes Prinzip zusammen, das nun aber nicht bloß die geschriebenen Regeln wiedergeben, sondern eingehend in den innersten Sinn, den Gedanken, das Herz des Menschen bis ins einzelnste und unterste des Lebens von ihm durchgebildet werden soll.

Der Mensch soll, so viel an ihm ist, die größte Lust, das größte Glück in die Welt überhaupt zu bringen suchen; ins Ganze der Zeit und des Raumes zu bringen suchen.

Unlust mindern ist aber gleichgeltend dem Mehren der Lust.

Die erste Hauptfolgerung dieses Gesetzes ist: der Mensch soll sich und andere so erziehen, daß er die größtmögliche Lust an solchem Trachten und Handeln, die größtmögliche Fertigkeit darin und die größtmögliche Kenntnis von dem gewinnt, was das Glück, den Lustzustand der Welt fördert, womit er zugleich der möglichst beste Mensch wird.

Nicht so, daß er nötig hätte, sein Denken und Handeln mit dem Worte Lust in Beziehung zu setzen; aber mit der Sache. Auch ohne zu wissen, daß die moralischen Grundregeln in letzter entscheidender Instanz auf Lust gehen, ist doch der gut zu nennen, der sie zu befolgen Lust und Fertigkeit gewonnen hat, und zu erkennen weiß, was im einzelnen Falle im Sinne derselben ist, weil er hiermit der Sache nach im Sinne der größten Lust der Welt denkt und handelt.

Überhaupt handelt, wer im Sinne der anerkannten moralischen Grundregeln handelt, notwendig ebenso im Sinne unseres Prinzips, als, wer im Sinne unseres Prinzips handelt, genötigt und sicher ist, im Sinne der moralischen Grundregeln zu handeln, weil ja unser Prinzip nur das allgemeine Prinzip dieser Regeln selbst ist. Wer da glaubt, daß sich beides je scheiden könne, hat entweder das Prinzip oder die Regeln oder beides mißverstanden. Es können aber beide wechselseitig dienen, sich zu erläutern.

Nur greift das Prinzip notwendig weiter, als alle einzelnen Regeln, aus denen es abgeleitet worden, die es doch selbst nur nach einzelnen Richtungen entwickeln und hiermit den Reichtum des Lebens nicht decken können. Nachdem alle Kanäle aus dem Duell des Prinzips durch das Ganze gezogen sind, kann jeder noch mit seinem Becher besonders dazu treten und daraus schöpfen, wie es seinem Sonderbedürfnis entspricht. Es reicht nicht bloß durch die Moral, es knüpft das ganze Leben an sie an. Das Wahre wird zum Gedanken, das Schöne zum Antlitz, das Nützliche zur Hand des Guten. Es hält die Wage der Gerechtigkeit über das ganze Land und teilt den Apfel noch zwischen zwei Kindern. Es webt der Erde das Gewand von goldnen Ähren und blauem Flachs und stickt dem Menschen noch die Blume in sein Kleid.

IV.

Im Zusammenhang mit dem Vorigen gestaltet sich der oberste Gesichtspunkt, durch den sich die Religion mit der Moral und folglich mit dem Leben verknüpft so, daß Gott als Geist, sei es über dem Ganzen oder des Ganzen selbst, selbst auch Lust hat an der Förderung der Lust dieses Ganzen durch die in demselben gelegenen Kräfte; daß alle Unlust der Welt ihm selbst nur Mittel ist, einst höhere Lust zu zeugen; und daß er auch Macht und Weisheit hat, alles in diesem Sinne zu kehren; der Mensch nennt es zum Besten kehren.

Ein solcher Gott ist zugleich der bestmögliche Gott und Vorbild des besten Menschen; ist strafender Richter des Schlechten, und doch noch in seiner Strafe gütig und gnädig; sofern die Strafe über kurz oder lang, hier oder dort, den Menschen muß zum Bessern umkehren.

Dieser Vorstellungsweise zufolge werden sich nun alle Gebote, an deren Befolgung im Ganzen die Erhaltung und Förderung des Glücks des Ganzen vorzugsweise geknüpft ist, d.i. die allgemeinen moralischen Grundregeln vorzugsweise als göttliche Gebote betrachten lassen.

Umgekehrt, wenn man nach anderweitigen Gründen in den moralischen Grundregeln von vornherein göttliche Gebote erblickt, wird man durch Betrachtung ihres gemeinschaftlichen Sinnes finden können, daß Gottes Wille wirklich dahin geht, die Handlungen der Menschen möglichst auch zum Glück der Menschheit zusammen wirken zu lassen.

So ist der Ausspruch unseres Prinzips selbst nur als der allgemeinste Ausdruck des alleobersten göttlichen Gebots zu betrachten.

Und so haben wir keinen Gott mehr, der Lust hat an der Selbstqual und der traurigen Miene seiner Kinder und Diener, Lust an Händen, die sich müßig falten, statt rüstig anzugreifen in der großen Werkstatt seiner Lust, Lust an Zellen, worin die Lust verstockt, statt sich zu bestocken und zu begrünen; sondern wir haben einen Gott, zu dem wir mit Freuden aufblicken mögen, weil er Freude hat an der Förderung unserer Freude; der uns das Trachten darnach nicht mißgönnt, sondern als seinen eigenen Dienst von uns fordert; der nur die Hand verdorren läßt, die sich nicht gerührt hat, in diesem Sinne zu wirken.

Wollen wir Bestätigung dieser Lehre, blicken wir hinaus in Gottes Weltordnung. Ist nicht allen Wesen allenthalben das Trachten nach Lust eingepflanzt! Wie hätte Gott sich so selbst widersprechen können, daß er ein Trachten geschaffen, was er verdammte. Jeder Einzelne will die Lust, und aus dem Getriebe des Einzelnen sehen wir allenthalben Anstalten erwachsen, aller Kräfte auch zur Förderung der Lust aller zu einigen, in Staat, Kirche, Familie, Gesetz, und als Hebel dieser Kräfte Strafe und Lohn, Drohung und Verheißung, Warnung und Belehrung standhaft und stetig in derselben Richtung wirken. Es ist ein unermüdliches Trachten, immer fern vom Ziele, aber immer zustrebend diesem Ziele. Gott läßt das Unheil fressen durch seine Folgen, und das Gute sich mehren durch seinen Samen; er hat den Himmel mit seinen Sternen über uns gebaut, eine unendliche Aussicht für unendliche Hoffnungen des Guten; aber er hat auch ein qualvolles Feuer im Busen des Sünders entzündet, einen Funken dereinstiger Hölle, der uns schon jetzt vor der wirklichen warnt. Alles das hat der Mensch nicht gemacht, sondern mit all diesem ist er von Gott gemacht worden.

Warum gibt es überhaupt Unlust, Böses in der Welt? Wir wissen es nicht, und niemand weiß es; sie sind da; sie sind mit Gott zugleich da; wir können Gott nicht ohne sie haben. Eine Schwierigkeit des Begreifens und Vermittelns liegt hier für jede Lehre, in jeder versteckt, nicht gehoben, durch andere Worte. Gleich viel aber, ob Unlust, Übel durch Gott oder trotz Gott da sind, so kann unter den Bedingungen dieser Existenz keine Lehre besser sein, als welche das Übel durch das Übel selbst zerstören läßt und das Gute mehrt durch Zuteilung von Gutem; keine besser, aber auch keine wahrer; denn alle Andeutungen, die wir aus dem Jetzt und Hier von einer höheren Weltordnung schöpfen können, gehen dahin, daß dies ihr Sinn und Gang im Ganzen sei, angelegt hier, zu vollenden dort.

Hiernach mag jeder den Glauben von dem Gott, dessen Geist in dieser Weltordnung waltet, sich in seiner Weise zurechtlegen.

Und so lege ich mir den meinen am liebsten so zurecht, es sei nicht sowohl die augenblickliche und gegenwärtige Einzellust seiner Wesen, die Gott selbst als gleiche Lust teilt, dann wäre er nicht mehr als die Summe seiner Wesen und hätte ihre Unlust wie ihre Lust zu teilen; sondern, was ihm Lust macht, sei die Fortführung des Ganzen und jedes Einzelnen in diesem Ganzen zu einem lustvollen Endziele, oder, sofern es kein Ende gibt in der Welt, zu immer größerer Annäherung an eine reine, der seinen gleiche, Seligkeit und immer größere Erweiterung des Gebiets dieser Seligkeit.

Darum mögen ihm unlustvolle Anfänge und Umwege in seiner Welt so gut recht sein, als lustvolle. Sie verdoppeln nur seinen lustvollen Weg. Von allem Übel, aller Unlust in der Welt hat er sein lustvolles Teil in der Besserung, Wendung, Heilung desselben; nur, wenn er Eines ungebessert, ungewandt, ungeheilt ließe, würde er selbst es mit Unlust spüren. So mag jedes neu entstehende Wesen von neuem der Gefahr des physischen und moralischen Übels unterliegen; was hälfe es auch, es leugnen zu wollen, es ist so; aber, was einmal entstanden ist, geht sicher einem guten Ziele zu, weil Gottes eigene Befriedigung daran hängt, das Böse endlich zum Guten, das Gute zum Bessern zu führen.

So wird die Welt einerseits immer reicher an Seelen, die der ewigen Lust immer näher kommen, für die sich das Gebiet derselben immer mehr ausbreitet, indem sie immer mehr selbst in Gottes lustvolles Wirken eingreifen lernen, indes rückwärts immer neue Seelen aus dem Urgrunde auftauchen als neue Anfänge für Gottes und seiner ihm schon näher getretenen Wesen unsterbliches Wirken; und die Unendlichkeit seiner Welt und Zeit hat auch Platz für ein unendliches Wachstum in Zahl und Größe von Seelen und Seligkeiten. Die Hölle selbst tritt nur als die Zerstörung eines Unlustquells durch einen größeren auf, woraus nach dem allgemeinen Gesetz aufeinander wirkender Negationen ein höheres positives Erzeugnis von Lust dereinst erfolgt. Eben darum kann sie keine ewige sein, weil sie Qualen hat über jedes Maß, die selbst den Bösesten endlich zwingen müssen; dann wird er geläutert zum Himmel aufsteigen. So haben wir auch keinen Gott mehr, der eine ewige Hölle hat für zeitliche Sünden, aber einen Gott, der große Schrecken anwendet, um noch größere Schrecken abzuwenden und zu großer Seligkeit zu nötigen. Ein Vater straft nicht anders, wie sollte Gott anders strafen.

Auf solche Weise trifft Gott, den wir uns selbst gern ewig selig denken möchten, keine zeitliche Unlust seiner Welt, weil ihn auch keine zeitliche Lust derselben trifft; nicht der Tritt, nur der Gang der Lust in seiner Welt ist es, der ihn vergnügt; und doch geht ihm, dem wir unsere Lust und unser Leid so gern nahegelegt möchten, alles innerlichst nahe; denn seine eigene Lust hängt daran, unsere Unlust zu wenden, und was er mag, weiß und vermag er auch und dies verbürgt uns diese dereinstige Wendung. Sei es auch, daß sie zögert; Gott weiß und sieht und fühlt sie voraus, wie der Musiker die Auflösung der Disharmonie, die in seiner Idee liegt, die in seiner Hand steht, vorausfühlt; und darum fühlt er selbst die Disharmonie als schön; wie der Dichter mit Lust seinen Helden durch allerlei Mißgeschicke führt, des guten Ausgangs im voraus froh, den er selbst ihm bereiten wird. Jeder Mensch ist ein solcher Held vor Gott; aber dies Leben nur ein Akt des Ganzen; jeder Mensch nur eine einzelne Stimme der Musik, aber jede Stimme muß für sich gut durchgeführt werden, sonst spürt auch die Harmonie des Ganzen den Fehler. Ist es nicht auch eine Mitgabe von Gottes eigenem Gefühl, die den guten Menschen in der Teilnahme am Leiden anderer ebenso wohl Lust finden läßt, als an der Freude anderer, sofern er sich nur zugleich als Mittler weiß, dies Leid in Freude für ihn zu wenden. Gott aber fühlt sich als Mittler, alles Leid der Welt zum Segen zu kehren.

Dies nun nehme sich ein jeder an, nach Maßgabe, als es ihn befriedigt. Was feststehen muß, wenn unser Prinzip mit Gott bestehen soll, ist, daß Gott das Wirken seiner Wesen für ihre eigene Lust im Ganzen will, daß seine Gebote diesen Sinn haben, daß er Lohn und

Strafe hier und dort in diesem Sinne wirken läßt, und dadurch endlich alle zur Befolgung dieser Gebote und hiermit zu ihrem eigenen Besten leitet. Zur Bestätigung dieser Lehre aber vereinigt sich der erste und oberflächlichste Blick auf das Trachten aller Wesen mit dem letzten und tiefsten Blicke auf den Gang und Plan der Weltordnung im Ganzen.

V.

Mit dem aufgestellten Prinzip widerspreche ich den von anderen aufgestellten Prinzipien der Moral nicht, ich betrachte es bloß als die letzte, klarste Auslegung derselben; sei es auch, daß deren Urheber selbst dies nicht zugeben mögen.

Befolgt nämlich ein Mensch dies Prinzip, so handelt er Gott zu Willen, wird Gott ähnlich, erkennt Gott recht, gewinnt Liebe zu Gott; es liegt dies alles teils direkt, teils indirekt in der angegebenen Verknüpfung des moralischen und religiösen Prinzips; er handelt ferner vernünftig, denn was kann vernünftiger sein, als jede einzelne Handlung nach einer allgemeinen Maxime auf ein Ganzes zu beziehen; wir haben im Grunde das Kantische Prinzip, aber gefüllt mit realem Inhalt; er handelt naturgemäß, denn was liegt mehr auf der Oberfläche der Natur, als das Trachten aller nach Lust und mehr in der Tiefe derselben, als der Zusammenhang der Lust jedes einzelnen mit der Gesamtlust; er handelt als Glied, im Sinne und zur Erhaltung des Ganzen, dem er organisch angehört, denn was bezeichnet besser den Charakter der organischen Verknüpfung eines Gliedes mit dem Ganzen, als daß es schlechthin zum Wohle des Ganzen wirke; er erfüllt seine und die Bestimmung der Dinge zugleich, oder was ließe sich für eine schönere und bessere Bestimmung denken, als die Dinge und sich selbst zu seinem und aller Glück zu verwenden; er vereinigt endlich die Rücksicht auf seine und aller Lust und jedwede Art Lust überhaupt.

In der Tat, darin eben liegt der wesentliche Unterschied unseres Lustprinzips von allen früheren, daß es von vornherein keine besondere Art oder Seite der Lust vor der andern anzustreben gebietet, und dadurch allen gerecht zu werden vermag. Nicht die eigene Lust, nicht die fremde Lust, nicht die sinnliche, nicht die geistige Lust, nicht die jetzige, nicht die künftige Lust, nicht die Lust des Guten, nicht die Lust des Bösen, nicht die ruhige, nicht die bewegte, nicht die extensiv dauernde, nicht die intensiv starke Lust hat im Prinzip von vornherein einen Vorzug. Sondern sein Wesen liegt darin, daß es das Maximum der Lust schlechthin als das Anzustrebende setzt, gleich viel zunächst, wie, wo, wann, durch was für Mittel. Welche Lust in jedem Falle den Vorzug haben soll, muß ihn durch ihre Größe und die ihrer Folgen verdienen.

Es gibt aber für jede gerechte Lust einen Ort und eine Zeit, die von keiner andern mit größerem Vorteil eingenommen werden könnte, und hierdurch erhält die kleinste sinnliche Lust so gut ihre Stelle als die größte und als die geistigste; ja selbst jede Unlust sofern sie geboten ist, wird hierdurch geboten, sofern sie mit Einrechnung ihrer Folgen ein größeres Lustresultat in die Welt bringt, als jede Lust an ihrer Stelle.

Die richtige Entwicklung dieses Maximumprinzips mit Bezug auf die Natur der Menschen und Dinge und die allgemeinen und besonderen Umstände, unter denen zu handeln ist, verteilt, ordnet, mißt, wählt die Lust und Unlust überhaupt so, daß alle Forderungen der reinsten Moral, der natürlichsten Gerechtigkeit, der höchsten Zweckmäßigkeit, der weitesten Umsicht dadurch befriedigt werden. Gesetze wie Einzelfälle, ja die Erkenntnismittel selbst des Guten und Rechten schöpfen ihre Bestimmung und ihre Berechtigung daraus.

Ich kann dies hier nicht ausführlich entwickeln und muß manchen Einwänden Raum geben. Der Gegenstand ist groß, die Richtung der Entwicklung doch schon zu übersehen. Hier ist bloß die Absicht, den obersten und die hauptsächlichsten leitenden Gesichtspunkte darzulegen. Ersteres ist im vorigen, Letzteres soll im folgenden geschehen, und zwar in Form der Beantwortung einiger Einwürfe, die sich zunächst erheben möchten. Öffentliche Vorträge über diesen Gegenstand sind bestimmt, in weiteres einzugehen.

VI.

Niemand wird mögen und vermögen zu leugnen, daß wirklich an die Befolgung der moralischen Grundregeln oder göttlichen Gesetze das Glück der Menschheit wesentlich gebunden sei, ja daß, soweit irgend dies Glück von den freien Handlungen der Menschen abhängt, es mit der Standhaftigkeit und Allgemeinheit der Befolgung jener Gesetze auch stetig und allgemein wächst. Aber teils wird man, was man im allgemeinen nicht leugnen kann und mag, doch im besonderen leugnen wollen, teils wird man sagen: Etwas Beiläufiges an jenen Gesetzen wird hier zum Kern, zur Hauptsache gemacht.

Aber wenn es selbst nur ein beiläufiges Kennzeichen der Hauptsache wäre, würde es ein gutes sein; weil es ein klares ist, während alle anderweitig gegebenen Bestimmungen, worauf das Handeln gehen soll, unklar sind. Es hindert aber nichts, die Hauptsache selbst darin zu sehen, und es hindert nicht nur nichts, sondern es sind treibende Gründe dazu da: erstens der formale, daß es wirklich der einzige, keiner weiteren Klärung mehr fähige noch bedürftige Gesichtspunkt ist, unter den sich diese Gesetze allgemein fassen lassen, daher auch der einzige, der eine direkte Klarheit in Folgerungen zu verbreiten vermag; zweitens der materiale und praktische, daß hiermit gerade das als Zweck des menschlichen Handelns aufgestellt wird, worauf ohnehin von selbst alles menschliche Handeln geht, und woran sich von Natur alle Motive zum Handeln knüpfen, nur so aufgestellt wird, daß er auch für einen und alle zugleich erreichbar sei.

Das Erste anlangend, so darf man sagen, daß alle nicht auf Lust bezügliche Gesichtspunkte, unter denen man sonst versucht hat, die moralischen Grundregeln zu vereinigen, fast selbst noch mehr Kräfte und Mühe zu ihrer eigenen Klärung fordern, als ihrerseits zur Klärung von anderem zu dienen vermögen. Nicht zwar, daß mit unserem Prinzip selbst gleich auch alles auf einmal erleuchtet wäre; aber man hat doch nicht nötig, das Prinzip selbst erst noch zu erleuchten, damit es anderes erhelle. Was Gott, was Vernunft, was Natur, was organisches Ganze, was Bestimmung ist, darüber hat jeder von vornherein eine andere, kaum jemand eine ganz klare, ja klarzumachende, Meinung, alles das läßt sich so oder so verstehen, und, weil es sich so oder so verstehen läßt, wird es auch immer so oder so verstanden werden.

Anders mit der Lust, welche den Kern unseres Prinzips bildet. Niemand kann sie erklären; aber indem sie überall unmittelbar in jedes Bewußtsein aufzeigbar ist, ist in letzter Instanz kein Mißverstand darüber möglich. So gewiß jemand seine Existenz fühlt, so gewiß wird er auch Lust und Unlust im Gefühle dieser Existenz unterscheiden, und so gewiß wird er sie richtig unterscheiden, weil die Wahrheit einer Gefühlsunterscheidung und Messung eben mit ihrer Existenz selbst zusammenfällt.

Freilich sind auch Gott, Natur, Vernunft, Bestimmung ein ewig Festes; aber nicht so unsere Meinung darüber; und die tausend verschiedenen Angriffspunkte und Eingänge, welche der menschliche Verstand an jenen großen Vesten finden kann, werden ihm stets auch ebenso viele Anfänge von Irrwegen bleiben. Nur der irrt nicht mehr, der bis zur Mitte derselben durchgedrungen ist und nun das Ganze überschaut; aber der Mensch steht nicht von vornherein in dieser Mitte, und nicht durch die Lust kann man ihn dahin versetzen. Die Wissenschaft ist dazu da, dies in der Wirklichkeit fest Gegründete nochmals in der Idee vor uns zu erbauen, sie kann nicht wie von etwas Fertigem davon ausgehen.

An dem Begriffe der Lust aber findet der Verstand von vornherein gar seinen Angriffspunkt und Eingang. Er ist nicht wie ein Haus, sondern wie der unzertrümmerbare Stein zum Hause, der eben deshalb dienen kann, es zu bauen, indem er immer von Neuem in neuer Ordnung und Form über einander gesetzt wird. Unser Prinzip gibt diesen Baustein zusammen mit dem Plan des Baues; und im ganzen Baue wird es immer und immer derselbe Stein sein, der wiederkehrt, nur eine Wiederholung des ersten Grundsteins; und Gottes Lust der Stein, der das Gewölbe schließt. Man kann nicht Häuser mit Häusern bauen wollen.

In der Tat, die Lust ist dem Verstande etwas an sich Unanalysierbares, Unerklärbares, Einiges, Letztes; aber eben, weil durch nichts von ihm zu spalten, zugleich das beste Spalt- und Bindemittel für ihn; weil durch nichts zu begründen, der beste Grund; weil durch nichts zu erklären, das beste Licht.

Nachdem der Verstand den Begriff der Lust von aller fremden Zutat gereinigt, liegt derselbe vor ihm ein einfaches, kahles, nacktes Ding; denn was jemand noch davon aussagen möchte, es ist nur etwas um und an der Lust, nicht Lust, die im Gefühle ihrer selbst und nur in diesem uns unmittelbar klar wird. Wer nie Lust gefühlt hätte, dem würde keine Definition klarmachen, was Lust sei, und wer sie gefühlt hat, dem wird es keine Definition klarer machen können; obwohl sich viel über das sagen läßt, wessen Folge sie ist, und was sie zur Folge hat. Während so der Verstand mit seinem Meißel umsonst an ihrem Begriffe herumarbeitet, mit seiner Laterne umsonst daran herumleuchtet, merkt er, daß dies harte Unantastbare selbst in seinen Meißel einschneidet und das Licht seiner Laterne zu überleuchten anfängt, und erkennt endlich den selbstleuchtenden Diamanten, das zugleich Edelste und Unzerstörbarste darin, und wirft seinen Meißel und seine Laterne weg, um sich fortan des Diamanten statt beider zu bedienen. Dieser Diamant ist die Lust.

Indem so die Lust jeder Aufschließung ihres Begriffes spottet, steht sie aber in einem, nicht minder als sie selbst klar aufzeigbaren, seiner Gesetzlichkeit nach verfolgbaren, lebendigen, kausalen Zusammenhang mit allem, was ist und wirkt in der Welt. Ein Diamant für den Verstand ist sie ein pulsierendes Herz für alles Leben der Welt, nach dem alle Adern zusammenlaufen, und von dem alle wieder auslaufen. Alles in Himmel und Erde, in Leib und Seele des Menschen und anderer Geschöpfe hat in nächster oder letzter Instanz Beziehung auf deren Lustzustand, und die größte Lust oder Bedingungen der größten Lust schaffen, heißt daher zugleich, die ganze Welt auf eine gewisse Weise organisieren. Der kleine Satz spricht hiermit die größte Aufgabe aus, und zwar fest, bestimmt und sicher aus, weil jedes Maximum an fest bestimmten Bedingungen hängt. Wirf jemand einen Haufen Steine hin, und sage ihm, ordne sie zu einer Wand, welche den größtmöglichen Raum umschließe; es bedarf nichts weiter; er kann sie nur zur Kugel ordnen. Freilich muß er es anders her wissen, daß es eben die Kugelform ist, welche der Aufgabe genügt; aber wozu wäre die Mathematik da? So müssen sich auch die Mittel, den Forderungen unseres Prinzips zu genügen, noch besonders aus richtiger Erkenntnis der Natur der Menschen und Dinge ergeben; und hieran hat sich das Prinzip weiter zu entwickeln. Solchergestalt wird aber auch zu dieser Erkenntnis hingetrieben; der Entwicklungsdrang des Prinzips ist zugleich ein Drang, die Natur der Menschen und Dinge bis in ihre Tiefen zu erforschen, und so vermag der in sich starre Begriff der Lust doch nach seiner Stellung im Prinzip die ganze Welt des Wissens lebendig in sein Gebiet zu ziehen. Hoch oben steht das Wissen von der Straf- und Segensgewalt der göttlichen Gebote; tief unten von der Bedeutung des Insekts und des Wurmes; aber selbst das Wissen vom Insekt und Wurme, seiner Empfänglichkeit für Lust und Unlust, seiner Beziehung zu unserer Lust und Unlust, seiner Stellung zur ganzen Natur ist kein gleichgültiges für die Entfaltung des Prinzips in seine letzten Verzweigungen.

Doch noch wichtiger als der Bezug, den alles Wissen zur Lust hat, ist hier der, den alles Handeln dazu hat. Ein fester und untrennbarer Bezug besteht zwischen den Trieben, wovon das willkürliche wie das instinktartige Handeln der Wesen abhängt, und Lust und Unlust. Es gibt keinen Trieb, der nicht darauf zielte, Lust zu erzeugen oder zu erhalten, Unlust zu beseitigen oder zu verhüten. Es wird meist genügen, eins dieser Äquivalente zu berücksichtigen.

Zwar wird man sagen: ist nicht dem Willen oder vernünftigen Triebe gerade das wesentlich, sich unabhängig von der Bestimmung durch Lust- und Unlustgefühle machen zu können; dem Instinkt gegenüber, der es nicht kann. – Aber sehen wir nur genauer hin, so finden wir den Unterschied beider in etwas ganz anderem liegend, darin liegend, daß im Willen die Triebkraft zur Lust, die ihm wie dem Instinkt beiwohnt, sich an eine klare Vorstellung dessen, was wir um der Lust willen zu tun haben, knüpft; im Instinkt an unklare Bestimmungen des Gemeingefühls so sehr man zwischen beiden scheiden mag, obwohl die Natur keine feste Grenze zwischen ihnen kennt, in ihrem Bezug zur Lust gibt es jedenfalls nichts zu scheiden. Alle subjektiven wie objektiven Bestimmungsgründe des Menschen zum Handeln, welchen Namen sie immer führen, auf welchen Teil seiner Natur sie bezogen werden mögen, alle seine Motive und Zwecke, schließen offen oder versteckt, bewußt oder unbewußt, doch für den analysierenden Verstand immer erkennbar, den Bezug zur Lust ein; ja es läßt sich in den so unsäglich mannigfaltigen Motiven und Zwecken des Menschen gar nichts anderes Gemeinsames finden als dieser Bezug zur Lust, den man nur dann nicht sehen kann, wenn man ihn nicht sehen will, oder unter Lust nur die Lust am Essen und Trinken versteht.

Dies läßt sich des Näheren zeigen.

Gehen wir alle Hauptrichtungen des menschlichen Trachtens durch: was ist es, worauf es von jeher gegangen ist und noch heute geht? Auf das Annehmliche und Schöne; aber was dünkte uns annehmlich und schön außer sofern es uns direkte Lust gewährt; — auf das Nützliche; aber wo gibt es ein Nützliches, das sich nicht in nahes oder fernes Mittel der Lust oder Gegenmittel der Unlust übersetzen ließe; — auf das Wahre; aber hat nicht Gott eine eingeborene Befriedigung geknüpft an die Einstimmung und Vermehrung unseres Wissens, und muß nicht das Wissen uns dienen, uns mit der Natur unserer Lustquellen auch deren Nutzung zu lehren: wer möchte das Wahre ohne das Eine oder das Andere suchen, und nicht am liebsten um beides willen; — an das Gute; aber ist die innere Gewissensfreude, die direkt am Guten hängt, keine Lust; und ist nicht eben das Gute dadurch wertvoller als Angenehmes, Schönes, Nützliches, Wahres, daß es alles zusammen in seinem Schoße oder auf seiner Grundlage trägt, daß es mit Anbetracht nicht gewisser, sondern aller Rücksichten auf die größte Lust im Ganzen zielt.

Um dies verneinen zu können, muß man erst das widerlegen können, was über die Beziehung der göttlichen Gebote zum Glück der Menschheit gesagt ist.

Freilich, der Geizige darbt sich andererseits freiwillig jeden Genuß ab; der Boshafte fügt dem anderen mit Fleiß Schaden, also Unlust zu; der Wahrhafte erträgt Strafe, um nicht eine Unwahrheit zu sagen; der Märtyrer läßt sich auf einem glühenden Roste braten. Aber würde der Geizige darben, wenn ihm Geld haben nicht lustvoller wäre, als essen, der Boshafte Schaden tun, wenn es ihm nicht Freude machte, anderen zu schaden, der Wahrhafte um der Wahrheit willen Strafe tragen, wenn die innere Strafe für die Unwahrheit ihm nicht noch schwerer dünkte; der Märtyrer sich braten lassen, wenn er nicht fürchtete, vom Roste absteigend in das höllische Feuer zu fallen und nicht hoffte, daß aus dem verbrannten Leibe die Seele in die Seligkeit des Himmels aufsteigen würde. Also immer nur Lust, Unlust als Zweck oder Motiv zum Handeln, je nachdem man es fassen will; und nur immer die kleinere von der größeren, oder, was sich sonst auch zeigt, die fernere von der nähern, überboten. Es kommt bloß darauf an, was jedem mehr oder nähere Lust oder Unlust macht oder verspricht.

Nicht darin also unterscheiden sich die besten Menschen von den schlechtesten, daß sie weniger als sie um Lust willen handelten; sondern daß sie Lust an etwas anderem haben; nämlich Lust an dem, was selbst lustbringend oder lustgründend für das Ganze ist;

die Bösen aber an dem, was unlustbringend oder -gründend für das Ganze ist.

So besteht freilich auch ein großer Unterschied zwischen der niederen gemeinen Lust des rohen, sinnlichen Menschen und der höheren geistigen Lust des Edlen, nur soll man nicht meinen, der Unterschied liege darin, daß bloß das eine Lust sei, das andere nicht, sondern darin liegt er, daß das eine Lust ist, die aufgeht im Essen, Trinken, Spielen, das andere aber Lust, die aufgeht im Erzeugen und dem Bewußtsein, Erzeuger der Lust, zu sein; eine transzendente Lust, die der niederen nicht widersprechen kann, da sie solche voraussetzt.

Unser Prinzip spricht aber nicht nur das, was dunkel ohnehin allgemeiner Zweck des menschlichen Strebens ist, klar als das aus, was auch der Zweck desselben sein soll, sondern spricht dies zugleich auch so aus, wie es der Zweck desselben sein soll.

Die Menschen beginnen alle damit, ihre größte Lust vorzugsweise in der nächsten und eigenen Lust zu suchen; aber in der entwickelten Betrachtung der Menschen und Dinge zeigt sich, daß die größte Lust des Einzelnen eben nicht direkt durch Hinwirken bloß auf seine eigene nächste Lust, sondern nur auf die größte Lust im Ganzen überhaupt erreichbar ist; daß beides sich nicht trennen läßt. Dieses Ergebnis, wohin das tiefste Eingehen in die Natur der menschlichen und göttlichen und letzten Dinge übereinstimmend führt, wird nun im Prinzipe vornweg dem Menschen geschenkt, um es durch das ganze Leben durchzubilden, und so das, was er vom Anfang an will, ihn sicherer treffen zu lassen, als wenn er es mit seinem eigenen kurzen Blick, dem Blick des Kindes oder des Wilden, verfolgt. Nun wird es freilich auch nötig, so viel von der Lehre der menschlichen, göttlichen und letzten Dinge zuzufügen, daß ihm das Geschenk auch ein Geschenk und wertvoll erscheine.

Aber selbst, bevor das Prinzip zu dieser Stütze greift, weckt es durch seinen bloßen Ausspruch auch schon Lust, es zu befolgen, und dies ist kein geringer Vorzug an einem Gebote, dessen ganzer Wert an seiner Befolgung hängt. Ist schon dem Menschen vorzugsweise das Streben nach der nächsten und eigenen Lust angeboren, so ist es doch nicht allein. So lange kein Konflikt sich geltend macht, waltet der allgemeinere Trieb in ihm, Lust überhaupt zu schaffen und nicht bloß an, sondern auch um sich zu sehen, und nun wird ihm nicht nur erlaubt, sondern geboten, die größtmögliche zu schaffen, an sich und andern in Eins; und das Weitere dient nur zu zeigen, daß, was er gern nicht trennen möchte, sich wirklich nicht trennt. Ein solches Gebot lacht den Menschen so freudig an, daß er es wieder freudig anlachen möchte. Das beste und höchste Gebot erscheint ihm nun auch als das willkommenste und schönste. Alle einseitigen Lustprinzipe lösen den Konflikt zwischen den Neigungen des Menschen nicht und treten dadurch von vornherein selbst in Konflikt mit seinem gesunden Gefühl. Ein Gebot, was ihn zunächst oder vorzugsweise auf die eigene oder sinnliche Lust hinweist, erscheint ihm egoistisch, grob; und ein solches, welches ihn nur zu Opfern für anderer Lust verpflichtet oder auf geistige Lust hinweist, erscheint ihm unnatürlich und leer. Aber ein Prinzip, welches die Lust des einen von der Lust aller nicht trennt, jeder Lust überhaupt gleiches Recht gibt, und zwar dadurch, daß es ihr Recht nach ihrem Beitrage zum Größten der Lust im Ganzen abmißt, vereinigt die Zugkräfte aller einzelnen Prinzipe in sich ohne einen Gegenzug.

So gewinnt unser Prinzip dadurch, daß es dem Menschen den Kernpunkt aller seiner Zwecke, aus allen Schalen gelöst, rein, klar, ganz und voll hinlegt, durch die Schönheit, in der sich dieser so darstellt, von selbst die Neigung des Menschen, diesen Kern auch zu pflegen und die Erfüllung des Zweckes anzustreben. Indem der dicke Kopf des Nagels voll getroffen wird, dringt dessen Spitze am tiefsten ein.

Und dies freundliche Gesicht des Prinzips, womit es alle anreizt, ihm zu folgen, ist doch eben nur die Einladung. Nun setzt es sich fernerweit, wie wir gesagt, in Beziehung mit den Erkenntnissen über die Natur der menschlichen, göttlichen und letzten Dinge, und je tiefer wir dahineindringen, desto kräftigere Motive entwickeln sich für seine Befolgung.

So weist das Prinzip, erst bloß im Menschlichen umherblickend, auf den Mäßigen, Sparsamen, Gerechten, Friedfertigen, Wohltätigen, Fleißigen, gesetzlich Lebenden, Gottvertrauenden hin, wie auf seine Seite Gesundheit, Wohlhabenheit, Friede, Liebe, Achtung, Ehre, Freiheit, ruhiges Gewissen und Ruhe in Gott fällt; und andererseits auf den Unmäßigen, Liederlichen, Ungerechten, Faulen, Gesetzlosen, Gottverachtenden, wie auf seine Seite Krankheit, Armut, Zank, Haß, Verachtung, Unehre, Gefängnis, Züchtigung, Schuldbewußtsein fällt. Dies alles um so sicherer, je besser die ganze menschliche Ordnung selbst im Sinne des Prinzips geworden; in einer schlechten Ordnung wird dem Guten wohl mancher Lohn verkürzt, dem Schlechten manches Böse gelohnt; aber überall und zu allen Zeiten ist doch die Ordnung der Dinge gut genug gewesen, daß im Durchschnitt und im Ganzen der Bessere besser und der Schlimmere schlimmer gefahren; und ob die Gerechtigkeit anfangs hinkend hinter dem Menschen hergeht, fast immer ereilt sie ihn noch vor dem Lebensende. Welches Motiv aber könnte den Menschen veranlassen, vielmehr im Sinne der Ausnahmefälle als der Regel seinen Wandel einzurichten! Vieles Leid auch widerfährt dem Guten von Gott; allein je besser der Mensch, zu so Besserem wendet er selbst sein Leid und so mehr helfen andere es ihm wenden. Doch weiter und höher erhebt sich der Blick. Wie zahlreich und bitter uns die Ausnahmefälle von der Gerechtigkeit hienieden erscheinen mögen, das was sich im Durchschnitt und Fortschritt vom Anfange der Welt an immer und immer bestätigt hat, wird zum Fingerzeig für den Plan, die Anlage, die Richtung der Weltordnung im Ganzen, die mit dem Jetzt und Hier nicht beschlossen ist. Wer nun glaubte nicht, daß die fest und sicher gelegte Anlage auch ihre sichere Durchführung und Vollendung finden werde, wenn die Anlage nicht zugleich das Ende ist. Wird hier die Vergeltung oft verschoben, weil im großen Zusammenhang anderes sich zwischenschiebt, und bleibt doch drohend und stärker drohend und schon mit dieser Drohung strafend oder mit der Aussicht lohnend immer bevorstehend, so mag sie auch über dies Leben hinausgeschoben werden, aber indem der Schritt der uns nacheilenden Gerechtigkeit immer größer, als der unsere ist, werden wir mit dem letzten großen Schritt, den wir in das andere Leben hinüber tun, ihr nicht entfliehen können, sondern sie selbst wird es sein, die, uns einholend und fassend, uns in die andere Welt hinunterstürzt oder hinaufträgt. Ich will sagen, wenn der einzelne Mensch nach dem Zusammenhang der ganzen Ordnung der Dinge hier seinen Lohn oder seine Strafe nicht hat erhalten können, wird das Sterben selbst mit dazu da sein, ihn unter neue Bedingungen zu versetzen, die es möglich machen.

Legt jemand eine Frucht hier in die Erde und tut an ihr das Seine, so wird sie über die Erde hinaus nach dem Himmel wachsen und blühen und tragen. Wer nun fragt, welchen Lohn er für das, was er Gutes im Irdischen tut, im Himmel erwerben werde, den können wir dahin weisen und sagen: war der Same und die Pflege des Samens in der Erde dein, so wird auch der Baum mit allen Blüten und Früchten über der Erde einst dein sein. So großen Lohn kann ein kleines Irdische dereinst tragen, wie die Eiche aus der Eichel wächst. Und so mag die Natur als Pflanzgarten Gottes uns, die wir auf dem Boden desselben Gartens stehen, noch manches schöne Zeichen geben.

Solches sind die Lustmotive, die unser Prinzip zu seiner Befolgung zu verwenden hat. Was hier kurz angedeutet ist, hat die Lehre weiter auszuführen.

Daß es nur Lust ist, um was es sich bei allem Handeln des Menschen in letzter Instanz handelt und handeln kann, ist so wahr, daß selbst die Lehrer der Moral, welche die Lust so fern als möglich von ihren Systemen zu halten suchen, doch nicht umhin können, ihre Motive dennoch auch in Lust zu legen, nur daß sie von aller Lust bloß die höchsten Spitzen und Gipfel wollen gelten lassen, als wenn die höchsten Höhen verlören und nicht vielmehr beständen durch die bis in die Wurzeln der Erde sich verlierende Basis. Ohne die Verweisung auf die Lust des Gewissens, die Freude, mit Gott in Einstimmung zu stehen und die ewige Seligkeit wäre jede Moral lahm, hilflos und vergeblich; ja daß sie auch mit dieser Verweisung es noch bleibt, beweist sie einfach dadurch, daß sie den meisten sogar als ein Schreckbild erscheint. Und freilich macht der lieblichste, freundlichste Kopf abgehauen nur zu fürchten. Die Moralisten aber trennen in Wahrheit den Kopf der Lust von ihrem Leibe, halten ihn uns hin und sagen: wie schön ist er! Ja er ist schön, aber zusammengewachsen mit allem andern, was schön.

In unserm Sinne erhält die Lust des Gewissens die rechte Bedeutung dadurch, daß sie erscheint als der beste Lohn in Lust, den Gott an das beste Wirken für Lust hienieden geknüpft hat, als der geistige Reflex aller von uns ausgestrahlten oder selbst nur auszustrahlen gestrebten Lust im reinen runden Spiegel unseres Wesens brennpunktartig vereinigt als ein Teil der göttlichen Lust selbst, sofern ja

Gottes Lust an gleiches Trachten geknüpft ist, als die Lust einer Welle, die sich fühlt ein Teil vom Lustquell. Die ewige Seligkeit aber erhält ihre Bedeutung dadurch, daß sie als das Lustpfund erscheint, was von uns in die Welt ausgetan, dereinst mit all dem Wucher, den es getragen, uns als Eigentum zurückgezahlt wird, und hätte es hier nicht gewuchert trotz unserer Arbeit, würde es uns Gott dort zu einem höheren Zinsfuß wuchern lassen.

Die gewöhnliche Moral aber erklärt wohl richtig einen Lohn in Lust für das Letzte und Höchste, was uns werden kann, aber die Lust, für die uns dieser Lohn wird, für nichts. Hat die Lust dort den höchsten Wert, warum hier keinen?

Die gewöhnliche Moral sagt: kümmere dich nicht um die Stufen, die zum Letzten und Höchsten gebaut sind, weil sie nicht das Letzte und Höchste sind, sondern nur um dieses selbst.

Wir wollen die Stufen und den Gipfel, die Stufen, weil sie zum Gipfel führen, und den Gipfel, weil das Trachten nach ihm durch die Stufen führt, und er selbst nur die höchste ist, auf der wir mit Gott und seinen Engeln zusammentreffen; auf den unteren aber mit seinen unteren Wesen, die doch auch Gottes sind.

VII.

Man wird sagen: das Gebot, nur immer nach dem Größtem der Lust zu trachten, ungesehen die Art derselben, setze ein vergleichbares Maß aller Lust voraus; ein solches aber sei nicht zu finden. Schon sinnliche und geistige Lust seien unvergleichbar miteinander; und im sinnlichen und geistigen Gebiete insbesondere gebe es wieder die verschiedenartigste Lust, die kein gemeinschaftliches Maß der Größe habe, wenigstens kein brauchbares.

Aber doch gibt es ein solches; ja es ist das direkteste und am direktesten brauchbare, was es geben kann; weil es jeder Mensch unmittelbar mit sich führt und unmittelbar anzulegen versteht. Ja nicht nur einen, sondern zwei sich ergänzende Maßstäbe der Lust gibt es; einen subjektiven, mit dem wir die eigene Lust, und einen objektiven, mit dem wir die fremde Lust messen. Jener liegt in dem unmittelbaren Gefühle des Mehr und Weniger der Lust und des daran geknüpften stärkeren oder schwächeren Triebes; dieser in den von diesen Gefühlen und Trieben abhängigen Handlungen, durch welche Lust teils ausgedrückt, teils angestrebt wird. Beide messen unterschiedslos über alle Lust hin.

In der Tat können wir den täglichen Beweis, daß alle Lust, so verschiedenartig sie sein mag, ein gemeinschaftliches Maß hat, darin finden, daß wir täglich eine der andern vorziehen sehen und selbst vorzuziehen wissen. Ein Knabe wird sich nicht in Verlegenheit finden, zwischen einem Apfel und einem Buche zu wählen, weil es sich dort um sinnliche, hier um geistige Lust oder auch Unlust handelt, als ob er sich in den Vergleich derselben nicht zu finden wüßte. Und wie hätte sich der allgemeine Tauschhandel der Menschen mit Lustmitteln, wo jeder das, was ihm minder lieb ist, um das gibt, was ihm lieber ist, ausbilden und einen gemeinschaftlichen Maßstab im Gelde finden können, wenn die verschiedene Qualität der Lust den Vergleich ihrer Quantität hinderte.

Man darf vielmehr sagen, daß für ein Prinzip, welches maßgebend für das Handeln sein soll, eben kein Maß gelegener sein kann, als was unmittelbar in dem Gefühle liegt, von dem das Handeln ausgeht und was durch die Handlungen selbst auch objektiv aus uns herausgestellt wird. Freilich können Irrungen in Anwendung dieses Maßes vorfallen, indem wir vergangene oder zukünftige Lust im Nach- oder Vorgefühle nicht in ihrem richtigen Verhältniswert reproduzieren, oder Handlungen anderer falsch deuten. Aber die Möglichkeit des Irrtums darf uns nicht veranlassen, das Mittel der Wahrheit selbst wegzuwerfen, sondern durch immer größere Achtsamkeit es immer sicherer zu machen. Eine Elle, die durch sich selbst richtig mißt, gibt es nirgends; es muß genügen, wenn sie scharf mißt, sofern sie scharf angelegt wird.

Und nicht bloß die Vergleichung, sondern auch die Summierung der verschiedenartigsten Lust ist dem Menschen ebenso möglich als geläufig. Ein Tag bringt meist andere Lust und Unlust mit sich als der andere, doch wird der Mensch wohl wissen, welchen von verschiedenen Tagen er im Ganzen am glücklichsten zugebracht. Ja der Mensch hat eine sehr merkwürdige Fähigkeit, alle, auch auseinanderliegende Lust oder Unlust, die an einer Sache oder Handlung für uns oder andere hängt, oder deren Bedingung sie zu sein verspricht, auch im Gefühle zu summieren, und hierdurch entsteht ihm das Gefühl des Wertes der Dinge und Handlungen. Was das Ding oder sein Ähnliches geleistet hat, wird hierbei maßgebend für das, was es zu leisten verspricht. Auch in diesem Gefühle kann der Mensch irren; aber was daraus folgt, ist wiederum nicht, daß er dies Gefühl verwerfe, sondern immer feiner und richtiger ausbilde und mit anderen etwa zu Gebote stehenden Mitteln kombiniere.

VIII.

Man wird sagen: das aufgestellte Prinzip ist ein Rechnungsprinzip, dessen Anwendung unmöglich fällt, oder das beim Versuch es anzuwenden mehr Schaden als Nutzen bringen muß. Jeder andere Fall, wo es zu handeln gilt, bringt andere Bedingungen mit sich, die Bedingungen komplizieren sich in der Welt ins Unendliche; wie kann man ein Prinzip aufstellen, welches die unmögliche Berechnung fordert oder die trügliche Berechnung sanktioniert, was in jedem einzelnen Falle aus dieser oder jener Handlung für Lust oder Unlust hervorgehen werde, um zu entscheiden, ob man so handeln solle oder nicht.

Ich frage zuvörderst dagegen, ob nicht das, was hier als unmöglich erklärt oder als trüglich verworfen wird, täglich geschieht und gut geheißen wird. Wann haben die Menschen je anders gehandelt, als in Bezug auf die voraussetzlichen Folgen ihrer Handlungen und den Einfluß dieser Handlungen auf ihr Glück und Unglück, und wenn sie hierbei täglich irren, so ist immer die Antwort zu wiederholen, daß sie sich nur bestreben müssen, täglich weniger hierin zu irren, den Vorblick immer sicherer zu machen, statt ihn ganz aufzugeben, um mit blinden oder geschlossenen Augen ihres Wegs zu gehen. Unser Prinzip verlangt ja, indem es den Menschen auf diesen Vorblick anweist, nichts Neues von ihm, es verlangt nur, daß er das, was er ohnehin schon tut, noch mehr tue als bisher, daß er nicht bloß auf die nächsten, sondern so viel er nur immer kann, auch auf die fernsten Folgen und alles Umsichwirken seiner Handlungen Bedacht nehme; daß er nicht bloß klug, sondern daß er weise sei. Kann nun der Mensch hierbei nicht allerwegs das Beste finden, so ist er darum nicht minder anzuhalten, es allerwegs zu suchen.

Wird aber dem Prinzip untergeschoben, daß es den Menschen hierbei bloß auf Berechnung dessen, was aus jedem Einzelfalle an Lust und Unlust hervorgehen werde, beschränke, so ist dies eben nur eine Unterschiebung. Nicht jede Art des Vorblicks ist eine Berechnung. Weder soll jeder Einzelne dies berechnen, noch soll er es für jeden einzelnen Fall berechnen, noch ist der Mensch überhaupt durch das Prinzip bloß auf Berechnung verwiesen.

Denn es ist gewiß, daß die meisten Menschen triftige Berechnungen über die Folgen ihrer Handlungen überhaupt nicht anstellen könnten, daß keiner sie nach allen Beziehungen anstellen kann, daß, wenn jeder für sich seine Rechnung führen wollte, jeder zu anderen Resultaten kommen, mithin das Zusammenwirken der Menschen zu gemeinschaftlichen Zwecken aufhören würde, daß endlich über der Zeit der Berechnung die Zeit zum Handeln meist verstreichen würde.

Aber eben deshalb, weil bei solcher Berechnung jedes einzelnen Falles durch jeden einzelnen Menschen nicht das Beste herauskommen würde, kann auch unser Prinzip diese Berechnung nicht verlangen, sondern muß sie geradezu verbieten oder vielmehr auf das rechte Maß beschränken; und es kann diese Beschränkungen rein aus sich selbst nur mit Bezug auf die Natur der Menschen und Dinge entwickeln. Hiernach gilt es zu untersuchen, welche Weise, die Handlungen zu leiten, selbst am dienlichsten für das Glück der Menschheit ist; irgend etwas muß sich finden lassen; und daran hat man sich zu halten.

In dieser Beziehung gehört es zu den ersten und wichtigsten Folgerungen unseres Prinzips, daß der Mensch sich in den Hauptbeziehungen des Lebens, statt nach eigener Einzelberechnung der Folgen seiner Handlungen, nach allgemeinen Gesetzen und Regeln zu richten habe, welche im Durchschnitt, im Ganzen das beste Resultat gewähren, und wovon die moralischen Grundregeln selbst die höchsten und wichtigsten sind. Denn teils vereinfachen sich für allgemeine Regeln die Gesichtspunkte mehr als für konkrete Fälle, es läßt sich also für den Durchschnitt das Beste leichter finden, als für das Einzelne; teils können zu Feststellungen für den Durchschnitt der Fälle lange Erfahrungen zu Hilfe genommen werden, und alle bestehenden Regeln und Gesetze fußen mehr oder weniger auf solchen; teils können diese Feststellungen und die mit Änderung der Verhältnisse notwendig werdenden Abänderungen in die Hände vorzugsweise Befähigter gegeben werden, und die Natur der Menschen und Dinge tendiert von selbst dahin, sie auch wirklich in die Hände solcher zu legen; teils liegt abgesehen von dem materiellen Nutzen der Regeln und Gesetze ein großer formaler, aber für das Glück der Menschheit gleich wichtiger darin, daß dadurch ein einträchtiges Handeln derselben, ein Anstreben gemeinschaftlicher Ziele, eine erleichterte und weiter greifende Berechnung der Folgen des Handelns für jeden Einzelnen möglich wird, indem jeder weiß, welches Zusammenwirken oder Gegenwirken er von seiten anderer bei seinen Handlungen voraussetzen kann; daß ferner jeder, indem er der objektiven Gesetze und Regeln sich als subjektiver annimmt, Gewöhnungen und Hebungen erwerben kann, die ihm Festigkeit und Sicherheit und somit Erfolg beim eigenen Handeln verleihen, und es zugleich um so nützlicher in das allgemeine Handeln eingreifen lassen.

Wenn endlich Gesetze und Regeln, wohin im weiteren Sinne auch Sitten und Gebräuche zu rechnen, eine Zeit lang unter den Menschen bestanden, gewinnen dieselben noch einen besonders wichtigen Einfluß auf ihren Lustzustand dadurch, daß sich Sinn und Anstalten derselben schon danach eingerichtet haben, und bei der Versatilität der Menschen können sich dieselben auf mancherlei einrichten, ohne daß man auf dem Wege der Vernunft sagen könnte, eins sei besser als das andere; der Bestand selbst kann beitragen, bestehende Gesetze und Regeln gutzumachen.

Die Gesetze und Regeln lassen sich dann in solche scheiden, welche alle Menschen zu allen Zeiten angehen, indem sie sich auf das Unveränderliche und Gemeinschaftliche in der menschlichen Grundnatur stützen, und solche, welche sich nach partikulären Verhältnissen ändern und ändern müssen. Ersteres die göttlichen, letzteres die menschlichen Gesetze. Die Befolgung der ersten wird die weitgreifendsten, allgemeinsten, überall gültigen Vorteile für das Menschengeschlecht haben; die Befolgung der letzteren Vorteile für die besonderen Verhältnisse, aus denen sie sich entwickelt haben, und die sich hinwiederum nach ihnen fixiert haben.

In Folge dieser Betrachtung wird nun der Mensch verpflichtet, sich zunächst allgemein an die göttlichen Gesetze zu halten, demnächst insbesondere an die menschlichen, die in dem Umkreis seines Lebens und Wirkens gelten, mit welchem sein Wohl und Wehe zunächst zusammenhängt. An erstere schlechthin, sofern sie nicht durch gegenseitigen Konflikt Ausnahmen voneinander selbst bedingen; an letztere jedenfalls so lange, als sie nicht erweislich schlecht sind. Es ist aber aus angezeigten Gründen immer wahrscheinlicher, daß sie gut für die bestehenden Verhältnisse, als nicht gut sind, besser wenigstens, als ein Einzelner selbst sie zu machen vermöchte, ja selbst, wenn sie erweislich schlecht wären, würden wir sie noch in den meisten Fällen befolgen dürfen und müssen, in Betracht der großen formalen Vorteile, die in der allgemeinen Unterordnung unter dieselben an sich liegen.

Auf solche Weise ist also dem einzelnen Menschen schon ein großer Teil der eigenen Beurteilung des Guten und Schlimmen vorweg abgenommen, nicht gegen den Sinn unseres Prinzips, sondern nach reinen und klaren Folgerungen desselben, bei denen es sich auf nichts stützt, als worauf sich alles stützen sollte, die Natur dessen, worauf es sich bezieht. Es zeigt sich, mögen wir nach Psychologie, Philosophie oder Historie die Natur des menschlichen Urteilens, Handelns, Glücks und Unglücks betrachten, daß bei dem Handeln jedes einzelnen Menschen bloß nach seinem einzelnen Urteil das Glück der Menschheit zu kurz kommen würde; daß alle besser fahren, wenn alle sich nach allgemeinen Gesetzen richten, die alle binden; folglich verlangt auch unser Prinzip, daß das einzelne Urteil dagegen wirklich zurückgestellt werde.

Inzwischen kann hierin nur eine Beschränkung, nicht eine Aufhebung der eigenen Beurteilung liegen. Gesetze müssen teils gegeben, teils abgeändert, teils ausgelegt werden, also haben doch die, denen dies obliegt, eigenes Urteil nötig. Öfters kommen Gesetze, göttliche mit göttlichen, menschliche mit menschlichen, oder beide wechselseitig in Konflikt, und da es selbst göttliches Gesetz ist, die Staatsgesetze zu befolgen, kann ein Konflikt letzterer Art unter Umständen selbst den Charakter eines Konfliktes erster Art annehmen; hier bedarf es wieder des eigenen Urteils zur Entscheidung. Alle Gesetze endlich, ja selbst die subsidiär leitenden Sitten und Gebräuche, lassen doch dem Menschen noch Spielraum genug für das Handeln frei; in gewisser Beziehung wird sogar dieser Spielraum durch das Walten derselben vergrößert; wie denn der Umfang freier Willensbestimmungen bei dem Wilden, der durch so wenig Gesetze gebunden ist, unendlich beschränkter ist, als bei uns, die nach allen Seiten durch Gesetze gebunden scheinen. Es hängt dies daran, daß von dem gesicherten Boden der Gesetzlichkeit aus jeder unbehinderter von anderen und mit weitergreifender Berechnung sein eigenes Handeln entwickeln und mit dem von anderen kombinieren kann. Demnach ist dem Menschen immer noch anheimgegeben, auf der Grundlage der Gesetze sein Handeln selbständig mittelst eigenen Urteils auszubauen. Auch soll der Mensch, um höherer Bildung willen, indem er die Gesetze befolgt, zugleich der Gründe ihrer Befolgung so viel möglich sich bewußt werden, und selbst die göttlichen von den menschlichen Gesetzen nicht bloß nach dem Namen, sondern nach dem Wesen des Quells, aus dem sie fließen, scheiden lernen.

Was nun stehen dem Menschen in dieser Beziehung für Mittel zu Gebote? Keines derer, die ihm zu Gebote stehen, kann durch unser Prinzip ausgeschlossen werden, vielmehr weist es ihn an, alle die ihm dienen können, wirklich so zu nutzen, daß sie zum besten Resultat zusammenwirken. Zu diesen Mitteln gehört nun allerdings auch der berechnende Verstand; aber nicht allein; und der Mensch ist ebenso sehr dahin zu erziehen und daran zu erinnern, daß er ihn brauchen lerne und brauche, als abzumahnen, daß er ihn allein brauche.

Ich zeige nun, wozu hier nicht Raum ist, auch dürfte schon die Andeutung genügen, auf welchen Grundlagen sich im Menschen neben dem urteilenden Verstande ein urteilendes Gefühl entwickelt; wie es in seiner Sphäre gleiche Berechtigung, aber keine größere hat, als dieser; wie jedes für sich, einseitig gebraucht, Vorteile und Nachteile nach anderen Seiten hat; wie beide überhaupt nur nach Maßgabe, als sie richtig durch Erziehung und Leben gebildet sind, auch richtig zu urteilen vermögen; wie sich beide wechselseitig in ihrer Bildung fördern, zu ihrer Kontrolle dienen, einander ergänzen und aushelfen können und müssen; wie niemand ganz ohne beides, aber doch die meisten mit Übergewicht des einen urteilen; und wie das Trachten in jedem Falle dahin gehen muß, Verstand und Gefühl zu einem einstimmigen Urteil zu bringen, da ein Zwiespalt derselben doch nie ein Zwiespalt in der Sache, sondern nur ein Mangel im Menschen ist.

An diese Betrachtungen knüpft sich die Lehre vom Gewissen, in welchem das urteilende Gefühl über Gutes und Böses mit einem Triebe zum einen und gegen das andere und, nach der allgemeinen Beziehung von Trieb und Lust, dem gemäßen Lust- und Unlustgefühlen sich verknüpft, wovon ich den Kausalzusammenhang zu erörtern suche.

Auf das Gewissen komme ich noch zurück; hier genügt es, auf das Faktische desselben allgemeinen Bezug zu nehmen und es anzuerkennen.

Unser Prinzip verleugnet also nicht das Gewissen, um die ganze Beurteilung unseres Handelns etwa dem rechnenden Verstande zuzuschieben; es fordert vielmehr das Gewissen, weil das Unheil ohne dasselbe bloß mit einem Fuße, also lahm gehen, und somit wieder dem Besten der Menschheit nicht am Besten gedient sein würde. Aber es kann andererseits auch nicht Gesetz, noch Gewissen, noch beides zusammen, allein als maßgebend ansehen; da es schlechte Gesetze und schlechte Gewissen gibt; wer soll über diese urteilen; und da Gesetz und Gewissen vieles frei lassen, wer soll dann urteilen?

Die hier aus dem Gesichtspunkt unseres Prinzips entwickelten Betrachtungen sind selbst verstandesmäßig, wie sie es als wissenschaftliche nicht anders sein können. Man sieht aber, wie unser Prinzip dem Verstande, indem er dasselbe braucht, auch selbst die Grenzen vorschreibt, in denen er es ferner zu brauchen hat, nämlich nicht weiter, als daß es zum Besten diene, d.h. als um Gesetz und Gewissen noch ihr volles Recht zu lassen. Somit entwickelt das Prinzip nicht bloß den Stoff, sondern auch die Form seines Gebrauchs aus sich selbst. Dies ist der Charakter eines selbstlebendigen Prinzips.

Also der Mensch soll nicht bloß rechnen wollen nach unserm Prinzip, aber er soll doch mit danach rechnen, so weit er eben rechnen kann; denn dazu hat er den Verstand.

Warum sollte ich auch nicht berechnen können und berechnen dürfen, daß auf meinen starken Schultern eine Last sich leichter trägt als auf den schwächeren meines schwächeren Bruders und sie dann statt seiner übernehmen; daß der erste Groschen schwerer in Lust wiegt als der fünfundzwanzigste, und darum meinen fünfundzwanzigsten lieber anderwärts zum ersten machen; daß ich durch schlechte Gewöhnungen mehr an Mitteln und Vermögen der Lust verwüste, als ich je an Lust dadurch gewinne; daß ich, die Zeit der Jugend versäumend, weder mir noch andern nützen werde. Alles das sind Dinge, die der Verstand im Sinne unseres Prinzips berechnen kann, und wobei er weder mit Gesetz noch Gewissen in Widerspruch kommt, sondern selbst mit auf der Grundlage derselben fußen kann.

Gesetz und Gewissen selbst aber werden sich, wo und von wem sie auch gerichtet werden mögen, doch in letzter Instanz ihrerseits nur insoweit rechtfertigen können, als sie im Sinne unseres Prinzips gegeben und erzogen sind. So ist das Prinzip in jeder Beziehung ein unbedingtes.

Das rein verstandesmäßige Gebahren mit dem Prinzip, was nach vorigem im Leben nicht stattfinden darf, wird dagegen Sache der Wissenschaft sein. Nicht daß sie weniger als das Leben die Berechtigung von Gesetz und Gewissen anzuerkennen hätte; aber sie wird dieselbe selbst verstandesmäßig zu begründen haben.

Die wissenschaftliche Erkenntnis des Besten in der ganzen Welt hängt aber mit der besten wissenschaftlichen Erkenntnis der ganzen Welt zusammen, welche die Natur der Menschen und Dinge bis in ihre ersten und letzten Gründe, Folgen und Verzweigungen zu umfassen hat. Und wir haben mit dem Prinzip keinen Zauberring erworben, der uns alle diese Erkenntnisschätze plötzlich schenkte, sondern nur Kompaß und Steuer für eine mühevolle Fahrt durch die Natur selbst. Nur dadurch mindert es die Mühe, daß es ihr die rechte und erfolgreiche Richtung anweist; es mehrt sie aber dadurch, daß es uns nun auch in diese Richtung hinaustreibt. Aber ein Prinzip, was sich mühelos ausbeuten ließe, würde auch die Mühe nicht lohnen.

Die Zeiten sind nicht mehr, wo der Gesang des Dichters die Steine bewegte zum Baue; der Mensch muß sie mühsam dazu herbeitragen; die Lücken sind erst größer als die Mauern; je größer der Bau, so später sein Ende; und so wird auch das Wissen vom Besten aller Zeiten und Welten schwer und langsam wachsen durch vieler mühseliges Wirken, und erst mit dem Ende der Tage geendet sein; aber was darin einmal auf die Natur gegründet steht, wird fest und immer stehen; indes die Worte, welche die Steine bewegen wollten, sich verwandeln in Schlösser der Luft, und ein Phantom nach dem anderen in der schnell erreichten Höhe vergeht.

Das Gravitationsgesetz regiert den ganzen Himmel; wir wissen gewiß, es ist der Fall; alle Gesetze der himmlischen Bewegungen ordnen sich ihm unter; alle Rechnungen, die Richtiges wollen, können nur aus seinem Gesichtspunkte geführt werden; wir verdanken ihm erst die wahre Klarheit über die Verhältnisse des Himmels. Aber wer noch nichts als dies Gesetz hat, hat noch nichts; seine Anwendung für die Lehre fordert alle Kräfte der Rechnung heraus und übersteigt sie oft; selbst die Anziehung dreier Himmelskörper vermögen wir nicht vollständig darnach zu berechnen; und oft müssen wir, um nur Annäherungen zu gewinnen, das, was selbst zu berechnen wäre, zum Teil schon als berechnet voraussetzen, der Zukunft anheimstellend, die reinen und vollständigen Lösungen zu bringen.

So regiert unser Gesetz gewiß alles Moralische, alles Praktische überhaupt; alle Einzelgesetze des Praktischen ordnen sich ihm unter; alle Rechnungen, die Richtiges wollen, können nur aus seinem Gesichtspunkte geführt werden; es vermag allein Klarheit über die Welt des Handelns zu verbreiten; aber, wer noch nichts als dies Gesetz hat, hat noch nichts; seine Anwendung für die Lehre fordert alle Kräfte des Verstandes heraus und übersteigt sie oft; selbst die moralischen und rechtlichen Verhältnisse bloß zwischen drei Menschen vermöchten wir nicht vollständig darnach zu entwickeln; und es bleibt der Wissenschaft nichts übrig, als vieles in der Welt, was an sich berechnungsfähig wäre, bis auf weiteres als gegeben in die Rechnung einzuführen, mit der Hoffnung, daß sie es dereinst sich noch selbst werde geben können. Ihre Rechtfertigung aber, daß sie dies tut, kann sie im Prinzip selbst finden, dem gemäß es ist, ein Gegebenes so lange für das Beste zu halten, bis ein Besseres sich geben läßt.

So wird freilich die Wissenschaft, die sich auf unser Prinzip stützt, des jedesmaligen Standpunkts der Unvollkommenheit, den sie mit jedem menschlichen Wissen teilt, auch zu jeder Zeit sich klar bewußt werden müssen. Der Dünkel der sogenannten absoluten Standpunkte wird ihr fremd bleiben. Aber daß die Lücken und

Schwierigkeiten des Wissens in ihr immer ebenso klar daliegen, als der Zusammenhang des Erworbenen und als das ferne Ziel der ganzen Richtung, wird ihr auch den fernem Fortschritt immer sichern.

IX.

Kant nennt es einen Fehler aller Prinzipien der Lust, daß sie die Moral zu etwas Empirischem machen; denn was Lust und Unlust gebe, könne nur aus Erfahrungen erkannt werden.

Ich finde meinerseits einen Vorzug aller Lustprinzipien darin, daß sie ihrer Natur nach nicht nur alle Erfahrungen im Leben für die Lehre und folgweis wieder für das Leben nutzbar zu machen gestatten, sondern daß sie sogar nötigen, auf die empirische Natur der Menschen und Dinge einzugehen. Wie soll denn die Lehre vom Handeln, das sich im Empirischen zu bewegen hat, selbst unabhängig vom Empirischen sein? Es schiene mir das wie eine Physik, die von der empirischen Natur des Körpers und der Bewegung abstrahieren oder diese im Kopfe konstruieren wollte, was man freilich versucht hat, aber mit welchem Erfolge?

Wirklich hat auch der Versuch, die Moral als Wissenschaft über dem Empirischen des Lebens schwebend zu erhalten, damit sie sich die Füße nicht darin beschmutze, immer den Erfolg gehabt, daß sich das Empirische des Lebens nun auch nicht um die Wissenschaft der Moral gekümmert hat, beide nebeneinander hergegangen sind, oder daß man das Empirische noch nachträglich mit schlechter Verknüpfung an das Prinzipielle hat anhängen müssen. Ein Prinzip, was brauchbar sein soll für das empirische Leben, kann sich lebendig und lebendig machend auch nur am Empirischen selbst entfalten; und je notwendiger es desselben zu seiner eigenen Entfaltung bedarf, desto mehr wird dies ein Beweis sein, daß es dessen Seele ist.

Dies hindert nicht, sondern führt vielmehr darauf, aus der empirisch erkannten Natur der Menschen und Dinge, wozu auch das Innerste gehört, was wir besitzen, aus den erfahrungsmäßigen Beziehungen der Lust und Unlust zu allem, was in und außer uns ist, ja der Lust und Unlust zueinander selbst, mit Hilfe der Vernunft etwas Höheres abzuleiten, als alles einzelne Material ist, was zur Ableitung gedient hat, etwas Durchgreifendes und Allgemeines, was eben darum, weil es alles Empirische unter sich faßt, geistig durchsetzt und verknüpft, hoch über ihm selbst steht.

X.

Die vorigen Einwürfe waren formaler Art; es wird auch nicht an materialen fehlen.

Das Prinzip läßt zunächst bloß auf die Größe, nicht auf die Art der Lust achten. So viel Lust wie möglich soll in die Welt gebracht werden, gleich viel welcherlei.

Wie nun, wird man fragen, ist nicht geistige Lust an sich, abgesehen von ihrer Quantität, mehr wert als sinnliche Lust, ihr schlechthin vorzuziehen? Die Lust am Schönen, Wahren, an einer nützlichen Tätigkeit, nun gar die Lust des Gewissens, nicht mehr wert, als die noch so große Lust an einer gut besetzten Tafel, an einem warmen Bette und dergleichen. Wo gibt es so intensive Lust als manche sinnliche; soll sie deshalb den Vorzug vor der geistigen verdienen?

Gewiß nicht, sofern man bei den angeführten Beispielen stehenbleibt. Aber man kann ihnen andere gegenüberstellen. Ist nicht die Lust an guter Nahrung und Kleidung, am Glase Wein und der behaglichen Ruhe nach der Arbeit, wodurch unsere Rüstigkeit zur Arbeit selbst wieder erneut und erfrischt wird, mehr wert als die Lust an einem schlechten Romane, als die Lust des Geizigen am Gelde, des Spielers am Spiele, des Boshaften am Verdrusse anderer usf., und doch ist Ersteres sinnliche, Letzteres geistige Lust. Also kann geistige Lust nach Umständen mehr oder weniger wert sein, als sinnliche; die Qualität sinnlich, geistig, entscheidet nicht, es kommt immer darauf an, ob es gute oder böse, edle oder gemeine, nützliche oder schädliche, nicht ob es geistige oder sinnliche Lust ist.

Gewöhnlich aber, wenn man geistige Lust der sinnlichen gegenüberstellt, hat man stillschweigend eben nur edle oder gute geistige Lust gemeiner, oder schlechter sinnlicher gegenüber im Auge; und dann versteht es sich freilich von selbst auch im Sinne unseres Prinzips, das Erstere höher zu schätzen; denn edle oder gute geistige Lust wird eben nur dadurch edel oder gut, daß ihr Lustwert nicht bloß am Augenblicke hängt, sondern daß sie auch Quell überwiegender Lust ist oder mit solchem zusammenhängt. Dies gilt von aller obengenannten Lust am echten Schönen und Wahren, an nützlichen Tätigkeiten, vor allem von der Lust des guten Gewissens, als wirksamstem Motiv zu fernerem Guthandeln. Aus solchen Arten von Lust oder dem, woran sie geknüpft sind, können sich ganze Folgereihen von Lustwirkungen für die Menschheit entwickeln; und hiergegen kann eine einzelne sinnliche Lust freilich nicht Stich halten, wenn sie nichts oder nur Lustverderb für die Folge nachläßt. Aber so wie sie ist, hat doch die sinnliche Lust so gut Wert als die geistige, und es wäre sonderbar, wenn man einen Regenten lobte, weil er auch mit für das materielle Wohl seiner Untertanen sorgte, und doch diesem selbst keinen Wert beilegte.

Überhaupt handelt es sich, wenn von dem Größtmöglichen der Lust im Ganzen die Rede ist, eigentlich gar nicht um einen Konflikt zwischen sinnlicher und geistiger Lust, sondern allgemein kann man sagen, daß das Größtmögliche gewonnen wird, wenn man weder nach der einen noch der andern ausschließlich trachtet, vielmehr die eine durch die andere zu stützen und zu fördern sucht, so daß das Maximum im Ganzen allgemein gesprochen auch das Maximum jeder Art insbesondere mit sich bringt. Die sinnliche Lust hat der geistigen den Leib zu geben, durch den sie mit der Erde und ihren Nahrungsquellen in Beziehung bleibe; die geistige Lust der sinnlichen die Seele, durch die sie mit dem höheren Lichte in Beziehung trete. Das höchste Standbild fordert auch die höchste und die breiteste Basis. Soll nun das göttliche Bild der geistigen Lust bis in den Himmel reichen, so muß die Unterlage der sinnlichen Lust die ganze Erde decken.

XI.

Man wird sagen: unser Prinzip sei mangelhaft, sofern es nur auf größtmögliche Lust in der Menschheit schlechthin ziele, ohne sich um deren Verteilung zu kümmern. Es könne doch nicht gleichgültig sein, ob alle Lust sich bloß auf einen häufe und die anderen leer ausgehen, oder ob alle, wenn auch im Ganzen etwas weniger davon haben. Letzteres sei nach gesundem Gefühle vorzuziehen, aber nach unserem Prinzip nachzusetzen. Unser Prinzip scheide ferner nicht zwischen der Lust des Guten und Bösen. Mehr Lust des Bösen gelte ihm besser als weniger Lust des Guten; das gesunde Gefühl verlange das Umgekehrte. Die Strafe des Bösen müsse ganz wegfallen, denn wie könne es im Sinne unseres Prinzips sein, die Unlust, die der Böse in die Welt gebracht, absichtlich noch zu mehren dadurch, daß man ihm selbst neue Unlust durch die Strafe zufüge. So werde alles Gefühl der Gerechtigkeit verletzt und diese selbst unmöglich gemacht.

Doch gilt es wieder nur, unserem Prinzip die Betrachtung der Natur der Menschen und Dinge zum Boden zu geben, so entwickelt sich aus seinem einfachen Kerne von selbst alles, was der Mensch von jeher als Recht verlangt hat, nicht nur die Verteilung der Lust unter den Menschen überhaupt, sondern auch die gerechteste Verteilung derselben.

Ein Mittel der Lust, über einen gewissen Grad auf einen Menschen gehäuft, erzeugt nie so viel Lust, als auf mehrere verteilt; also muß es im Sinne unseres Prinzips, allgemein gesprochen, so lange geteilt werden, bis die zu große Zersplitterung und Verbreitung desselben über unangemessene Orte mehr Nachteil als Nutzen bringen würde. In dem Wirken für die Lust anderer, der Mitteilung unserer Güter an andere und Stillung ihrer Leiden, dem gesellschaftlichen Genusse der Lust, liegen die reichhaltigsten Quellen geistiger Lust. Alle mächtigen Lustquellen der Welt können überhaupt nur dadurch entstehen und bestehen, daß viele zugleich daran arbeiten und dann auch gemeinschaftlich daraus schöpfen.

Indem unser Maximumprinzip die größtmögliche Lust unter den Menschen verlangt, verlangt es also auch von selbst deren Verteilung unter die Menschen. Man kann sagen: die Lust mehrt sich, die Unlust mindert sich von selbst bis zu gewissen Grenzen mit deren Verteilung. Der Dichter hat es kurz und schön mit den Worten ausgesprochen: geteilte Freud' ist doppelte Freude, geteilter Schmerz ist halber Schmerz.

Nicht jede Verteilungsweise aber ist gleichgültig, und nun bestimmt unser Prinzip auch die richtige Art der Verteilung. Allgemein gesprochen kann man in der richtigen Art der Verteilung selbst einen Lustquell, in der unrichtigen einen Unlustquell sehen. Sofern also unser Prinzip das Maximum der Lust verlangt, bestimmt es hiermit zugleich als die richtigste Verteilung eben die, welche die Bedingung dieses Maximum ist.

Ich erläutere dies durch ein mathematisches Analogon: das Produkt aus den Teilen, in die sich eine Zahl zerlegen läßt, ist abhängig von der Art ihrer Teilung, eine Funktion davon, wie man sich ausdrückt. Das größtmögliche Produkt gehört immer einer einzigen bestimmten Teilungsweise zu. Teile ich z.B. 12 in 1 und 11, so ist das Produkt beider Teile 11; bei Teilung in 2 und 10 ist es größer, nämlich 20; bei Teilung in 3 und 9 abermals größer, nämlich 27; usf. Die vorteilhafteste Teilung ist in gleiche Teile, nämlich in 6 und 6, dies gibt das Maximumprodukt 36. Gälte es, eine Teilung nicht in zwei, sondern in drei Teile, so würden ebenfalls die drei gleichen Teile 4, 4, 4 das Maximumprodukt geben, nämlich 64. Und so ist überhaupt bei jeder Größe der Zahl und Zahl der Teile, die man wählen mag, die gleiche Teilung die günstigste zur Erlangung des höchsten Produkts, die ungleiche doch um so günstiger, je mehr sie sich der gleichen nähert.

In ähnlicher Weise nun ist auch die Größe der Lust in der Menschheit im Ganzen eine Funktion der Art, wie sie sich unter deren einzelne Mitglieder verteilt, und zwar in solcher Weise, daß alles an diesen Mitgliedern gleichgesetzt, das Maximum der Lust bei der gleichen Verteilung unter ihnen zu erwarten wäre. Nun ist aber nicht alles gleich unter ihnen, und hieran knüpft sich die Zweckmäßigkeit und Gerechtigkeit der Verteilung im besonderen. Anlagen, Charakter, Bildung, Verdienst, ererbte ober erworbene Stellung der Menschen machen, daß es besser ist, auf den einen mehr Lust oder Lustmittel als auf den andern zu häufen oder gehäuft zu lassen.

Die Natur dieser Umstände ist dann wieder nach ihren allgemeinen und besonderen Beziehungen in Betracht zu nehmen, und hiernach allgemeine und besondere Regeln festzustellen. So läßt sich zeigen, wie Eigentums- und Erbrecht nicht gegen den Sinn, sondern im Sinne des Prinzips sind; und wären sie es nicht, so verdienten sie auch nicht zu bestehen. Ich gehe aber auf das Nähere hiervon jetzt nicht ein.

In der Ausführung dieses Gegenstandes erledigt sich nun auch der Einwand, daß durch unser Prinzip die Lust des Guten der des Schlechten gleichgestellt und hiermit die Strafe des Letzteren aufgehoben werde. Umgekehrt wird vielmehr durch dies Prinzip die

Unlust oder Strafe des Schlechten der Lust, dem Lohne des Guten gleichgestellt. Der Böse hat, sofern er eben böse ist, Lust an dem, was Unlust, der Gute, sofern er gut ist, Lust an dem, was Lust ins Ganze bringt, und hierdurch wird auch beider Trieb zum Handeln bestimmt. Also ist die Lust des Ersten selbst als Unlustquell, die des Letzten als Lustquell für das Ganze zu betrachten. Dies heißt im Sinne unseres Prinzips nicht gleichwertig sein. Wollte man dem Ersten für sein Übeltun selbst noch etwa Lust, Lohn zufügen, so würde man seine böse Neigung, diesen Unlustquell nur verstärken, dahingegen verstärkt man durch den Lohn des Guten einen Lustquell. Aber durch Entgegensetzung größerer Unlust kann auch jener Unlustquell gezwungen und endlich gar genötigt werden, als Lustquell zu fließen. So kommt die Strafe in die Welt. Wird der Böse nicht gestraft, so fährt er fort, Unheil in die Welt zu bringen, andere tun es ihm nach; es wird zwar augenblicks durch seine Schonung Unlust erspart, aber der Quell der Unlust wächst immer mehr und breitet sich immer mehr aus. Strafe, göttliche wie menschliche, ist das Mittel, je nachdem sie angewandt wird, den Menschen teils an fernerem Unheil zu hindern, teils zu bessern, teils andere sich ein Beispiel nehmen zu lassen; am besten die Strafe, welche alle diese Vorteile zum größtmöglichen zu vereinigen weiß. Was sie für den Augenblick von einzelner Unlust in die Welt bringt, muß sie dadurch überbieten, daß sie noch mehr Unheil für die Folge im Ganzen verhütet. Diesen Gesichtspunkt verlassend oder überschreitend wird sie hart, grausam, ungerecht, schädlich. Unser Prinzip verlangt also nicht nur die Strafe des Bösen, sondern entwickelt auch aus der Natur des Menschen wieder die Gesichtspunkte dafür, und zwar alle, die man von jeher praktisch dabei zugezogen hat, ohne sie je unter ein Prinzip praktisch und triftig vereinigen zu können. Zu welchen Worten und schwer verständlichen Deduktionen hat man hierbei seine Zuflucht genommen; hier fällt die Strafe direkt und einfach aus dem allgemeinsten Prinzip und den plattesten Tatsachen der menschlichen Natur heraus.

Wie unser Prinzip die Lust unter die Menschen teilt, teilt es dann auch ferner dieselbe unter die Zeit. Alle Lust auf einmal genießen wollen, zerstört das innere und äußere Vermögen der Lust; immer die Lust verschieben und für künftige Lust sparen, läßt beides ungenutzt verderben und verkümmern. Ein Wechsel zwischen Genie-

ßen der Lust und Schaffen für die Lust; ein Nutzen der Innern und
äußeren Lustmittel, mit solcher Schonung, daß stets ein sich meh-
render Fonds für die Zukunft erhalten wird; ein Ergreifen der Lust
im günstigsten Momente; eine Übernahme selbst von Unlust, um
Gewinns der Zukunft willen, sind naheliegende Forderungen des
Prinzips. Alles Maß, alle Vorsicht, aller Fleiß ist ebenso dadurch
geboten, als jede Lust des Augenblicks erlaubt, die der Zukunft
nicht mehr kostet als sie der Gegenwart einbringt.

XII.

Man wird sagen, unser Prinzip schließe den verderblichen und
verwerflichen Satz ein, daß ein guter Zweck böse Mittel heilige.
Bringe nur der Erfolg einer Handlung überwiegende Lust oder
Nutzen, der sich ja nach unserer Ansicht in letzter Instanz immer in
Lustfolgen auflöst, so könne man die schlechtesten Handlungen
begehen, z. B. einem Reichen Brot stehlen, um einen hungrigen
Armen damit zu sättigen; der Reiche spüre es nicht, bei dem Armen
werde viel Leid dadurch gestillt oder abgewehrt. Es habe aber dieser Grundsatz in den Händen der Jesuiten und anderwärts Unheil
genug in die Welt gebracht; ein Prinzip sei nicht zu rechtfertigen,
was ihn sanktioniere.

Nun aber, wenn es wahr ist, daß durch Anwendung dieses
Grundsatzes Unheil genug in die Welt gekommen, so kann er ja
eben deshalb keine Folgerung unseres Prinzips sein, sondern nur
das Gegenteil, und man kann das Prinzip natürlich nicht durch
falsche Folgerungen desselben widerlegen. Unser Prinzip läßt ja
seiner Natur nach nichts zu, was das Glück der Welt im Ganzen
mehr benachteiligt, als fördert. Brächte aber jener Grundsatz nicht
wirklich mehr Unheil als Heil in die Welt, und alles Unheil wird
sich zuletzt in Unlust lösen, so würde ihn auch niemand je getadelt
haben.

Folgendes ist zu erwägen: die Anwendung schlechter Mittel zu
guten Zwecken kommt, näher angesehen, im allgemeinen darauf
zurück, daß wir dabei zwar etwas Einzelnes, und wäre es auch
selbst weitgreifendes, Gute zu erreichen suchen, aber durch Verletzung göttlicher Gebote die allgemeinsten und sichersten Grundlagen des Guten selbst und somit die festesten Stützen des Lustzustandes der Menschheit erschüttern, Konsequenzen im Ganzen

herbeiführen, die mehr schaden, als im Einzelnen damit gewonnen werden kann. Freilich ist im Einzelnen nicht wohl zu berechnen, was für Vorteil aus Befolgung der göttlichen Gesetze in jedem besonderen Falle erwächst, aber eben deshalb müssen wir ihn im Ganzen berechnen oder schätzen, und dann das Einzelne diesem Ganzen schlechthin unterordnen; so ist es sowohl logisch als praktisch.

Man entgegnet wohl: in gewissen Fällen trete doch der Vorteil der Anwendung eines bösen Mittels deutlich und entschieden hervor, greife gar mit Nutzen ins Ganze, während der Nachteil, den die Verletzung einer allgemeinen Regel oder guten Gewöhnung ins Ganze bringe, oft ebenso entschieden dagegen verschwinde. Für solche Fälle müßte denn doch unser Prinzip den bösen Grundsatz billigen.

Hierauf ist zu antworten, daß wir nur zu sehr geneigt sind, das, was wir das im Ganzen Verschwindende und Verschwimmende nennen, zu klein anzuschlagen gegen das, was sich in einzelnen faßbaren Erfolgen der oberflächlichen Betrachtung deutlich herausstellt, während doch der ganze Halt und Vorteil der Gesetze und Regeln an jenem Verschwimmenden hängt. Und hierdurch verfehlen wir ebenso oft die größere allgemeinere Lust um der kleineren einzelnen willen, verderben die Quellen derselben. Der Sinn unseres Prinzips verbietet aber geradezu, das Einzelne unabhängig vom Ganzen ins Auge zu fassen.

Wirklich aber können unter Umständen aus Befolgung jedes göttlichen wie menschlichen Gesetzes so tief und weit in das Ganze greifende Nachteile entstehen, daß der allgemeine Vorteil ihrer Befolgung dagegen zurücktritt. Aber eben darum gibt es auch kein göttliches noch menschliches Gesetz, außer dem obersten Grundsatz selbst oder solchen Sätzen, die nur als anderer Ausdruck dafür gelten können, dessen Befolgung nicht unter Umständen seine Ausnahme erlitte, oder wo nicht ein oft schwer mit allen Kräften des Verstandes und Gewissens zu entscheidender Konflikt eintreten könnte.

Man wird überhaupt finden, daß alle oder die meisten materialen Einwände gegen unser Prinzip sich bei näherer Betrachtung darauf reduzieren, daß irgendwelche üble Folgerungen daraus für die

Menschheit hervorgehen. Aber mit jedem solchen Einwande wird man im Grunde weiter nichts beweisen, als dies zweies: erstens, daß man eine falsche Folgerung aus unserem Prinzip abgeleitet hat, zweitens, daß man indirekt die Richtigkeit des Prinzips doch selbst anerkennt, indem man die Güte des Prinzips nach dem Glück oder Unglück beurteilt, das daraus für die Menschheit hervorgeht. Es sei denn, daß man irgendwie auf üble Folgen käme, die sich nicht auf Abbruch des menschlichen Glücks reduzieren ließen.

XIII.

Ich komme jetzt auf das Gewissen zurück. Das Gewissen charakterisiert sich durch ein Vorgefühl sowohl als Nachgefühl von Lust, was sich an gute Handlungen, von Unlust, was sich an böse knüpft; einen dem gemäßen Trieb, der, wenn nicht immer überwiegend, doch immer vorhanden ist; einen Takt endlich in Beurteilung dessen, was gut und böse ist, der in Zusammenhang mit jenen Gefühlen steht. An den unterscheidenden Charakter derselben knüpft sich nämlich die Unterscheidung des Guten und Bösen selbst.

Gewöhnlich bezeichnet man das Gewissen nach allen seinen Momenten als etwas schlechthin Angeborenes. Nun ist zuzugeben, daß dem Menschen die Lust an manchem einfachen Guten, woraus vieles andere fließt, und ein demgemäßer Trieb wirklich angeboren sei. Die Mitlust an der Lust anderer; die Lust daran, denen Gutes zu tun, die uns Gutes getan haben; die Lust an der Einstimmung der Vorstellungen, als erste Grundlage der Wahrheitsliebe; die Lust der Mutter an der Pflege ihrer Kinder; und die Unlust an dem Gegenteil oder Unterlassen von allem diesen, sind gewiß nicht erst durch Erfahrung und Erziehung erworben und eingepflanzt. Nur wird alles dies kompensiert durch eine ebenso angeborene Sucht, unser Wohl doch dem von anderen vorzuziehen; die Lust, dem Böses zuzufügen, der uns Böses getan; die Lust, unserer Phantasie freien Lauf zu lassen und uns durch Unwahrheit vor Strafe zu schützen; die Lust der Mutter, ihr Kind zu verziehen und ihr Stiefkind um seinetwillen zurückzusetzen. So gibt es im Angeborenen so viel Böses als Gutes. Auch kann das Angeborene, wie alles Instinktartige beim Menschen, höchstens genügen, denselben innerhalb der einfachsten Verhältnisse zu leiten. Aus diesem Angeborenen erklärt man also das Gewissen nicht, was den gebildetsten Menschen in den verwickeltsten Lebensverhältnissen immer sicher und immer nur zum Guten leiten soll und wirklich dies um so mehr leistet, je mehr er sich in rechter Richtung über das bloß Angeborene erhoben hat.

In der Tat sehen wir auch das ganz unerzogene Kind noch ohne das, was man Abmahnung, Skrupel oder Bisse des Gewissens nennen möchte, ein anderes Kind schlagen, ihm sein Spielzeug wegnehmen, ungehorsam sein, selbst lügen. Will man sagen: das Gewissen sei da, es schlafe nur noch, oder sei noch unaufgeschlossen; so steht der Ausdruck frei, und mag auch, recht verstanden, die Sache treffen; nur daß er in der Tat mehr geeigenet ist, dies Verständnis zu verhüten als zu bewirken. Was uns leiten soll und leiten kann, ist eben nur das wache und aufgeschlossene Gewissen; daß es möglicherweise bei jedem Menschen erwachen und sich erschließen kann, wird nicht geleugnet; wohl aber, daß es immer erwacht und sich aufschließt. Wo nun dies nicht der Fall ist, fehlt dem Menschen das, was ihn leiten soll und leiten kann; und es ist nutzlos, ihn darauf so zu verweisen, als wenn er es doch hätte. Wir haben dann den Fall einer unentwickelten Anlage; mit der Anlage allein aber hat Mozart nicht komponiert , noch Raphael gemalt. Jener hätte blind in die Tasten gegriffen, dieser wüst mit dem Pinsel über die Leinwand gefahren, wenn man sie samt ihrer Anlage sich selbst überlassen hätte; und so wird der Mensch mit aller Anlage zum besten Gewissen blind und wüst handeln, wenn nicht diese Anlage zu dem entwickelt wird, was dem Menschen das Gewissen sein soll.

In der Tat nicht das Gewissen, nur die Anlage zum Gewissen ist dem Menschen fertig mitgegeben, ebenso und nicht mehr, als ihm Vernunft und Schönheitssinn fertig mitgegeben sind; es bedarf für alles Dreies noch der sorgfältigsten Erziehung und Führung durch Eltern, Lehrer und das Leben, bevor sie den Menschen wieder führen können; und eine verkehrte Erziehung kann eins wie das andere dahin verkehren, daß sie ihn verkehrt statt recht führen. Der Wilde hat an den scheußlichsten Fratzen seiner Götzenbilder Gefallen, er glaubt das Unsinnigste von menschlichen und göttlichen Dingen, und so vollführt er auch Menschenopfer und frißt Menschen und quält seine Feinde auf das Grausamste, ohne daß das Gewissen auch nur im Mindesten zuckt während der Zuckungen seiner Mitbrüder.

Es handelt sich also nicht darum, das Gewissen müßig hinzunehmen, und zu erwarten, daß es von selber erwache und sich aufschließe, noch handelt es sich darum, eine einfache Hantierung am Gewissen vorzunehmen, die man mit dem Wecken und Aufschließen vergleichen könnte; sondern so richtig und fein und sicher ins Einzelne das Gewissen selbst den Menschen soll leiten können, so richtig und fein und sorgfältig ins Einzelne muß es selbst erst ausgebildet worden sein. Und nun entsteht die Frage, auf welchen Grundlagen diese Ausbildung fußt.

Dies ist ein psychologischer Gegenstand, den es besser ist an allgemeinen Erfahrungen, als an allgemeinen Behauptungen zu entwickeln.

Schickt einen Knaben das erste Mal an einen Ort, von dem er noch nichts weiß; er wird mit Gleichgültigkeit, und, dünkt ihm der Weg lästig, mit Unlust dahin gehen. Nun aber gehe es ihm wohl an diesem Orte, er finde freundliche Gesichter, Gespielen, was ihn satt und froh macht, wohl gar etwas Schöneres, als er bisher gekannt und gedacht hat, dort; so wird sich ein Nachgefühl der Lust, die er dort genossen, an die Erinnerung dieses Ortes knüpfen, und ein Vorgefühl derselben, wenn es gilt, wieder hinzugehen; er wird sich sehnen nach diesem Orte; der Gang selbst dahin wird ihm Lust machen; er wird sogar einen langen und schweren Weg dahin nicht mehr scheuen; er wird alle kleineren und näher liegenden Vergnügungen darum opfern. Derselbe Knabe sei an einem andern Orte geschlagen, gescholten, verächtlich behandelt worden, man habe ihn darben lassen; so wird ein Gefühl von Mißbehagen sich schon an den Gedanken dieses Ortes für ihn knüpfen; er wird lieber alles tun und leiden, als wieder dahin gehen. Je öfter und ausschließlicher sich ähnliche Erfahrungen an dieselben Orte knüpfen, desto mehr werden sich diese Gefühle und die damit zusammenhängenden Triebe befestigen. Jener Ort wird ihm zuletzt sein irdischer Himmel, dieser seine Hölle dünken; ja er wird zuletzt alles darauf ansehen, ob es ihn näher da- oder dorthin führe. Oder setzt, es widerfahre ihm auch an andern Orten Gutes und Böses, aber immer nach Maßgabe, als sie jenen Orten ähnlich sind, so wird sich allmählich der sicherste Takt in ihm entwickeln, es jedem Orte gleich anzusehen, ob er zu den für ihn guten oder bösen Orten zu rechnen sei; und wenn an den guten Orten immer eine Linde, und an den bösen immer eine Tanne stände, so würde ihn zuletzt ein freudiges Gefühl beim bloßen Anblick der Linde, und ein Grausen bei dem der Tanne ergreifen, selbst ohne daß er sich bewußt würde, warum. Ist nicht alles dies psychologisch richtig?

Was direkte Erfahrungen bewirken, werden auch mehr oder weniger schon Belehrungen, Erzählungen, Versprechungen und Drohungen bei dem Knaben zu bewirken im Stande sein, sofern sie auf Erfahrungen von ihm Bezug nehmen, und sich Glauben bei ihm verschaffen können. Er wird sich von vornherein scheuen, an den Ort zu gehen, von dem man ihm Übles droht, Übles, dessen Bedeutung er schon anders her hat kennenlernen; ja er wird ihn wiederum zuletzt wie die Hölle scheuen, wenn man ihm denselben immer und immer wieder als eine Hölle ausmalt; er wird sich umgekehrt nach einem Orte wie nach einem Himmel sehnen, den man ihm immer und immer wieder als einen Himmel schildert, um so mehr, wenn überall dieselben Schilderungen, Erzählungen ihm begegnen. Was alle mit Grausen nennen, wird anfangen, auch ihn mit einem übermächtigen Grausen zu erfüllen; was alle herrlicher als alles schildern, ihm auch herrlicher als alles dünken. Denn so ist allgemein die Seele des Menschen beschaffen, daß die Lust oder Unlust, die durch Erfahrungen oder geglaubte Belehrungen mit einer Sache oder Handlung für ihn in wiederkehrenden Bezug tritt, sich als Nachgefühl oder Vorgefühl an die Vorstellung dieser Sache oder Handlung festheftet, und demgemäß den Trieb dahin oder dagegen bestimmt. Und nach Maßgabe, als er dies oder jenes öfter als lust- oder unlustbringend erkennen lernt, erwirbt er zugleich einen immer sicheren und richtigen Takt, zu beurteilen, ob etwas im Sinne dieses Lust- oder Unlustbringenden sei.

Hier haben wir die psychologische Grundlage, von der aus sich das Gewissen nach allen seinen Momenten im Menschen entwickelt.

Es liegt in der Natur der göttlichen und aller guten Gebote, daß aus der Befolgung derselben überwiegender Lustgewinn nach allgemeinen Beziehungen für die Menschheit erwachse. Die Erfahrung bewährt diesen Erfolg im Großen; und so kann man allgemein übersehen, wie in der Menschheit sich ein Gefühl vom Wert dieser Befolgung und dem Unheil, was an deren Nichtbefolgung hängt, mit demgemäßem Triebe entwickeln muß, zugleich ein Takt in Beurteilung dessen, was im Sinne dieser Gebote ist. Dies ist die langsam gehende, doch im allgemeinen Wesen der menschlichen Seele und des Guten notwendig und darum sicher begründete Erziehung des Gewissens im Großen durch Gott. Nun aber liegen die überwiegenden Lustfolgen des Guten und Unlustfolgen des Bösen nicht so unmittelbar allerwegs auf der Hand, daß das Kind und der roheste Wilde sie gleich fassen und mit ihren Ursachen in Beziehung setzen könnte; aber, was die Weltordnung oder der in ihr waltende Geist des Guten die Menschheit allmählich gelehrt hat, das pflanzt nun die Erziehung des Menschen durch den Menschen schneller fort. So entwickelt sich der Takt jedes Einzelnen in Unterscheidung des Guten und Bösen viel weniger durch eigene direkte Erfahrung, als dadurch, daß er alles allerweges unter den Menschen aus dem Gesichtspunkt, ob es gut oder böse sei, betrachten sieht und von allen Seiten selbst zu dieser Betrachtung angeleitet wird. In Athen wußte einst der Geringste zu beurteilen, ob eine Statue, ein Vers in der Tragödie schön und ziemlich sei, weil alles allerweges aus dem Gesichtspunkte des Schönen und Ziemlichen betrachtet, jeder nur geachtet wurde nach Maßgabe, als ihm selbst diese Betrachtung geläufig war. Was nun in Athen in einer besonderen Zeit betreffs des Schönen stattfand, das hat von jeher überall zu allen Zeiten betreffs des Guten und Bösen, wenigstens seiner Hauptrichtungen, stattgefunden. Von Anfang an hat Gott die Menschheit in dieser Richtung erzogen, und fährt noch ferner damit fort; nun pflanzen die Menschen diese Erziehung selbst untereinander fort; und diese Fortpflanzung gehört im weiteren Sinne zu Gottes Erziehung selbst mit.

Die Entwicklung des Lust- und Unlustgefühls geht hiermit parallel. Indem die Menschen Gutes und Böses unterscheiden lehren, knüpfen sie auch allerweges an Ersteres Verheißung, Lob, Lohn, Ehre, freundliches und hilfreiches Entgegenkommen; an Letzteres Drohung, Tadel, Strafe, Unehre, strenges Entgegentreten; und zwar nicht nur Verheißung und Drohung für Zeitliches, sondern auch Ewiges. Immer und immer wieder kehrt diese Assoziation des überwiegend des endlich durchschlagend Lustvollen mit dem Guten, des Unlustvollen mit dem Bösen wieder; sie verfolgt uns allerweges, keiner kann ihr entrinnen. Die Rute und das Zuckerbrot in den Händen der Eltern, die Freundlichkeit und der Zorn auf ihrem Gesichte wirken von früh an auf das Kind in diesem Sinne, und noch ist es nicht mit einem Fuße ins Leben getreten, so wird es schon in demselben Sinne auf Himmel und Hölle als Endziel des Guten und Bösen, als auf etwas über alle Maßen Herrliches und Schreckliches, über dies Leben hinausgewiesen. Die Lehrer, die Prediger, das Leben greifen mit immer neuen, verschiedenartigen und doch immer in demselben Sinne wirkenden Mitteln in dieselbe Richtung ein. Diese Schläge, von der ersten Jugend an, immer wiederholt, von allen Seiten, auf dieselbe Stelle des Gemüts getan, prägen endlich das Moment desselben, was ihnen unterliegt, zu einer Festigkeit und Bestimmtheit aus, wie kein anderes; und nun es ausgeprägt ist, kann man freilich die einzelnen Schläge, die dies vollbracht, nicht mehr am fertigen Werke unterscheiden, noch sagen, was jeder einzelne dazu beigetragen. Alles Einzelne vielmehr, was so auf den verschiedensten Wegen dahin gewirkt, ein Lustübergewicht an das Gute, ein Unlustübergewicht an das Böse zu knüpfen, summiert sich in unserem Gefühl zu einer Resultante, deren Komposanten sich nicht mehr einzeln darin scheiden, und darum erscheint uns die Entstehung des Gewissens leicht als etwas Unerklärliches, und wir halten es überhaupt nicht für ein Entstandenes, sondern fertig Mitgegebenes.

Inzwischen kann durch vergleichende Betrachtung, wie das Gewissen sich unter verschiedenen Verhältnissen verschieden, immer den erziehenden Einflüssen und einer mitbekommenen Grundanlage gemäß entwickelt, deutlich genug erkannt werden, wie all jenes Genannte wirklich Einfluß auf diese Entwicklung hat, und wie, wenn unter ungünstigen Verhältnissen sich diese erziehenden Einflüsse verkehren, auch das Gewissen falsche Richtungen gewinnt. Aber im Durchschnitt muß das Gewissen sich im richtigen Sinne entwickeln; teils und zuvörderst, weil es die Natur des Guten an sich ist, sich mit überwiegenden Lustfolgen zu verknüpfen, mithin die allgemeinen Erfahrungen in diesem Sinne gehen; teils weil sich demgemäß auch die Belehrungen durchschnittlich in diesem Sinne äußern und das, was in den Erfolgen nicht klar vorliegt, aufklären und ergänzen werden; teils, weil es im Interesse der Menschheit liegt, das Gute auch gut erscheinen zu lassen, und sie demnach auch noch absichtlich Lust an das Gute und Unlust an das Böse knüpfen.

Im Ganzen wirken zu seiner Entwicklung mit Notwendigkeit zusammen: die Natur des menschlichen Gemüts, welches nach Maßgabe, als der Begriff des Guten sich zur Einheit fügt, auch alle Lust und Unlust, die am Guten hängt, im Gefühle und für den Trieb zur Einheit zu fügen vermag; die Natur des Guten und Bösen als Lust- und Unlustquellen und die Natur der Weltordnung, in welcher sich diese Natur des Guten und Bösen faktisch ausprägt.

Man hat eigentümliche Aufschlüsse über das Grundwesen des Gewissens darin zu finden geglaubt, daß dasselbe seine Forderungen unter der Form: du sollst! geltend mache. Mir scheint nichts darin zu finden, als die Spur seiner Erziehung durch Menschen. Weil die Menschen ihre Forderungen immer in solcher Form an den Menschen richten, wiederholt freilich auch das, von Menschen erzogene, Gewissen seine Forderungen unter derselben Form.

Mit all diesem wird das Gewissen nicht tiefer gestellt, als man es von jeher gehalten. Ein reines und klares und richtiges Gewissen wird immer noch wie ein Anteil von göttlichem Licht und göttlicher Lust zu betrachten sein; aber der Mensch hat zu diesem Gewinn des Höchsten erst aufzusteigen, und darf sich freuen, daß die Weltordnung und sein Gemüt die Mittel in sich schließen, ihn dahinauf zu führen; aber er darf nicht meinen, daß die Gabe des Höchsten ihm von vornherein geschenkt sei; sonst wird er nie zu ihr gelangen.

Die Lust des guten Gewissens und die Pein des bösen Gewissens haben in der Tat etwas, was sie unterscheidet von jeder anderen Lust und jeder anderen Pein, etwas, wogegen jede andere zurücktritt. Dies liegt nicht darin begründet, daß sie resultierende Gefühle sind, hervorgegangen aus Unzähligem, was wir nicht mehr zu scheiden vermögen; denn etwas derartiges findet auch bei anderen geistigen Lust- und Unlustgefühlen statt; sondern darin, daß der Bezug auf etwas schlechthin Überwiegendes, selbst über das Zeitliche und Menschliche Hinausreichendes, ihnen beiwohnt. Am Guten hängt das Übergewicht aller Lust, der Lust nach allen Beziehungen; am Angenehmen, Schönen, Nützlichen nur Lust nach diesen oder jenen, wenn auch selbst mehr oder weniger allgemeinen Beziehungen. Was auch zunächst für Leid sich an das Gute, für Lust an das

Böse knüpfe; das Gewissen, erzogen zu dem Gefühle, daß es das Wesen des Guten sei, doch endlich mit Lust zu siegen, des Bösen, mit Unlust besiegt zu werden, überbietet alle gegenwärtige Lust und Unlust mit seiner Verheißung und Drohung; hiergegen kommt nichts auf. Ein Gefühl der Schlechthinigkeit, Totalität, Absolutheit, Unendlichkeit, um einmal einige Worte von der Philosophie zu borgen, wohnt ihm bei, wie keinem anderen Lust- und Unlustgefühl. Und wie es durch göttliche Veranstaltung im Menschen erwacht, so beweist es eben auch durch diesen Charakter die Verwandtschaft mit einem göttlichen Gefühle. Es wird aber dadurch nicht schlechter, daß man zeigt, durch welche natürlichen Vermittlungen uns Gott dazu gelangen läßt. Wohl aber gewinnen diese natürlichen Vermittlungen selbst einen höheren Charakter dadurch, daß sie zu dem Höchsten, was der Mensch erwerben kann, führen.

Nun kann man fragen, wie doch der Trieb, den das Gewissen uns einpflanzt, trotz des Vorgefühls siegender Lust, an das er sich knüpft, so oft von anderen Trieben besiegt werden kann. Der Grund ist der, daß die Stärke unserer Triebe nicht bloß durch das Gefühl der Größe, sondern auch der Nähe der Lust bestimmt wird. Sieht man nicht täglich den Unmäßigen sich in Genüsse stürzen, von denen er sicher weiß, daß die Folgen ihm mehr Wehe als der Genuß Lust bringen wird; aber der Genuß liegt näher. Wie der kleine Finger uns einen Turm verdecken kann; wir wissen, daß er kleiner ist, doch verdeckt er uns den Turm. So fühlen wir, indem wir dem Gewissen zuwider handeln, recht wohl, daß wir mit dem Schlechthandeln endlich gewiß schlecht fahren werden; eine Angst, von deren Ursprung uns das Gewissen selbst seine Rechenschaft gibt, sagt es uns; doch kann der Reiz der gegenwärtig lockenden Lust jenen Antrieb überbieten. Das Gewissen muß erst stark und mächtig werden und der Himmel und die Hölle uns im Vorgefühl innerlich sehr nahe treten, wenn der Trieb des Gewissens immer nach seiner Seite den Ausschlag geben soll. Auch dabei liegen rein psychologische Tatsachen zugrunde, die sich weiter erörtern lassen; hier genügt es, kurz darauf verwiesen zu haben.

Die hier aufgestellte Betrachtungsweise des Gewissens entspricht dem Erfahrungsmäßigen; sie zeigt ferner die Entwicklung des Gewissens aus der Natur des Guten und der menschlichen Seele; sie ist drittens praktisch, indem sie uns auf die Momente hinweist, welche zur richtigen Ausbildung des Gewissens dienen können.

XIV.

Das Verhältnis unseres Prinzips zu den obersten christlichen Sittengeboten anlangend, so kann man und unseres Erachtens soll man diese so auslegen, daß sie in dasselbe hineintreten. Es bezeichnen nur die christlichen Sittengebote vielmehr die Gesinnung, aus der unser Handeln hervorgehen soll, unser Prinzip den Zweck, worauf es sich richten soll, was sich natürlich nicht widerspricht und ausschließt, sondern zusammenhängt und bedingt. Denn um den Zweck zu erreichen, wird auch die Erzeugung der Gesinnung gefordert, die zur Erreichung dieses Zweckes gehört; und ist die Gesinnung da, wird sie auch auf den Zweck gehen, dem sie entspricht. Nur läßt sich eine Handlungsweise bestimmter durch den Zweck charakterisieren, auf den sie geht, als durch die Gesinnung, von der sie abhängt; und deshalb lassen sich freilich die christlichen Sittengebote verschieden deuten.

Ist nun für die Wissenschaft die klarste Form die beste, so kann dagegen für das Praktische eine Form des Prinzips besser sein, welche sich an die Gesinnung richtet, sofern nur die, welche das Prinzip in der Erziehung des Menschengeschlechts handhaben, dasselbe in richtigem Sinne verstehen. So hat Christus, in dem ich einen göttlichen Geist mit aufrichtigem Sinne verehre, die praktischere Form des Prinzips mit Grund gewählt; denn seine Lehre soll ja wirken durch das Volk, durch die Völker; aber dies überhebt nicht einer besonderen Auslegung, in welcher Weise sich die Gesinnung, die er gebietet, im Handeln ausprägen soll. Liebe kann zu Handlungen veranlassen, die dem, den man liebt, mehr schaden als nutzen, mehr lästig als erfreulich sind; Mütter beweisen es oft in der Liebe gegen ihre Kinder.

Die Auslegung der christlichen Sittengebote in unserem Sinne und Bezugsetzung derselben zu unserem Prinzip ist nun folgende: Das Gebot anlangend: liebe Gott von ganzem Herzen, ganzer Seele und ganzem Gemüte, so kann unser Prinzip ebensosehr als ein Ausfluß desselben angesehen werden, als umgekehrt. Es kommt darauf an, ob man von Gott zur Welt oder umgekehrt die Richtung nehmen will; was beides möglich und statthaft ist. Hat man einmal eine

Vorstellung vom besten und gerechtesten Gotte und Liebe zu ihm als solchem gefaßt, so führt dies auch von selbst die Neigung herbei, ihm zu Willen, in seinem Sinne zu handeln, dessen Güte und Gerechtigkeit auf das Ganze geht. Unser Prinzip ist aber das allgemeinste Prinzip zugleich der Güte und Gerechtigkeit. Aber umgekehrt führt unser Prinzip notwendig zum Glauben an Gott, ja an den besten und gerechtesten Gott, woraus dann die Liebe zu ihm von selbst folgt. Es läßt sich zeigen aus der Geschichte, wie aus dem Herzen des Menschen, daß der Glaube an ein persönliches Verhältnis des Menschen zu Gott zum Glücke der Menschheit im Einzelnen wie im Großen notwendig ist, ja zu den Fundamenten desselben gehört; und daß kein Glaube an eine abstrakte Weltordnung einen Ersatz dafür gewähren kann. Dann aber ist es eben der Glaube an den besten und gerechtesten Gott, der auch dem Glücke der Menschheit am besten dient. So von Gott in uns erzeugt, erzeugt das Prinzip wieder Gott in uns. Der Mensch kann Gott nicht missen; die menschliche Gesellschaft fiele ohne ihn rettungslos und zerstört auseinander; ja der einzelne Mensch vermißte ohne ihn seinen besten Trost und sein höchstes Richtscheit.

In Wahrheit hat keiner der sogenannten Beweise für das Dasein Gottes den Glauben daran faktisch erhalten oder erzeugt; nur die bewußt und unbewußt empfundene Unmöglichkeit, ohne ihn Ruhe, Friede, Freude, Hoffnung durch alle Trübsal und Irrung, Halt, Ordnung, Gesetz im Ganzen zu erhalten, ist die ewige Stütze und Wiedergeburt dieses Glaubens gewesen. Der Umstand, daß die Menschheit nicht ohne Gott bestehen kann, ist ein stärkerer Beweis als jeder andere, dafür, daß die Menschheit nicht ohne Gott ist.

Noch hat die Menschheit nicht vermocht, das Bewußtsein ihres Gottes rein, klar, für alle befriedigend aus sich herauszuarbeiten; es gehört dies zu dem Höchsten, womit sie nicht anfängt, sondern wonach sie hinzuarbeiten hat. Sie dahin zu führen, mag Gottes eigene Freude sein. Man kann aber zum voraus das Ziel dieser Arbeit bestimmen. Die Menschheit wird bei keinem anderen Glauben von Gott stehenbleiben, als der ihrem Glücke am förderlichsten ist. So ist unser Prinzip faktisch das heuristische Prinzip für Gott.

Auch kann dieser Weg, Gott zu finden, nicht täuschen. Jeder Irrtum in der Erkenntnis selbst des kleinsten Dinges rächt sich über kurz oder lang an uns durch Unlustfolgen, indem er uns teils in Widersprüche des Denkens, teils des Handelns verwickelt, d.h. zu falschem Benehmen in bezug auf das Ding veranlaßt. Hierdurch selbst aber wird die Heilung des Irrtums herbeigeführt. Die wahrste Erkenntnis bleibt so nach allen Irrungen endlich als die befriedigendste für den Menschen übrig; nur bei ihr kann er sich zuletzt beruhigen. Gilt nun dies schon von dem Kleinsten in der Welt, wie sollte es nicht von dem Größten in der Welt gelten, das auch den größten Einfluß auf seine Lust und Unlust hat. Nur wächst mit der Schwere auch die Schwierigkeit der Erkenntnis; die Schritte im Ganzen dazu sind groß, aber langsam. Das beweist der Blick auf die Religionen.

Wer freilich in Gott und seiner Beziehung zur Welt und den Wesen überhaupt nur das größte Märchen der Welt erblickt, der mag in der größtmöglichen Befriedigung, die wir aus dem Glauben an ihn zu schöpfen vermögen, auch nur den Beweis der größten Schönheit, nicht der größten Wahrheit dieses Märchens finden. Ein solcher denke nach, ob je ein Märchen so mächtige Wirkungen in der Welt erzeugt, als der Glaube an Gott.

Das zweite christliche Sittengebot: liebe deinen Nächsten wie dich selbst, anlangend, so übersetzt es sich in bezug auf unser Handeln dahin: es muß dir gleich sein, ob die Lust dich oder deinen Nächsten trifft, was dann von selbst mit sich bringt, daß man sie dahin fallen lassen wird, wo sie am größten ist, oder so zwischen sich und dem andern teilen, daß sie im Ganzen am größten wird; so gewinnt man, indem man den anderen wie sich rechnet, in jedem Falle am meisten.

Nun würde man aber das christliche wie unser Prinzip mißverstehen, wenn man meinte, es ginge daraus hervor, daß jeder Reiche nun geradezu sein Vermögen unter die Armen zu teilen hätte, jeder nur ebensoviel als der andere behalten müßte. Es kommt darauf an, was in Anbetracht aller Folgen und des Zusammenhangs aller Umstände nicht bloß mir und dir, sondern auch der Gesamtheit am meisten an Lust einträgt. Die Hauptsache in dieser Beziehung ist schon durch die bestehenden Gesetze, Regeln, Sitten und Gebräuche geordnet. Es ist gezeigt, daß man sich hieran zu halten hat, sofern das Verwerfliche derselben nicht geradezu nachweisbar ist;

man kann sicher sein, daß es doch im Durchschnitt im Sinne des Guten ist. Aber so weit alles dies noch Spielraum läßt oder selbst beurteilt werden soll, kann man allerdings vielfach noch nach eigenem Verstand und Gefühle berechnen oder schätzen, ob man mehr Lust in die Welt bringt dadurch, daß man etwas einem andern oder sich selbst leistet. Indem man nun das Prinzip mit Bezug auf die Natur der Menschen und Dinge entwickelt, stellen und wägen sich die Pflichten gegen uns und andere von selbst so ab, wie man es von jeher für das Beste gehalten. Von vornherein scheinbar nichts feststellend stellt es bei näherem Eingehen alles fest. Jeder hat im Ganzen für den anderen das zu leisten, was er ihm besser, als dieser sich selbst leisten kann und dieser hat ihm dafür in demselben Sinne Gegenleistungen zu machen. Jeder hat andererseits sich selbst das zu leisten, was er sich besser, als ein anderer ihm zu leisten vermag. Es taugt nicht, Kräfte und Sorge zu sehr und unterschiedslos zu zersplittern. So stellt sich einerseits der Vorteil heraus, vorzugsweise für einen Menschen zu sorgen, aber auch vorzugsweise ein Geschäft zu besorgen; Ersteres zielt dahin, uns selbst, als das bequemst gelegene Objekt unserer Tätigkeit auch zunächst zu berücksichtigen, Letzteres dehnt unsere Wirksamkeit von selbst mit über andere aus.

Eine tiefer gehende Betrachtung führt zu dem Gesichtspunkt zurück, daß in einer guten Ordnung der Dinge die Rücksicht für die Lust des Einzelnen sich von der Rücksicht für die Lust des Ganzen nicht trennt, jeder zugleich am besten für sich sorgt, indem er am besten für das Ganze sorgt und umgekehrt; aber dies gemeinschaftlich Beste des Einzelnen und Ganzen fordert eben, daß jeder nach vielen Beziehungen zunächst sich selbst mehr berücksichtige als andere; zunächst sich kleide, speise und tränke; denn sonst wird er auch für andere nichts leisten können; demnächst am meisten für die leiste, die ihm am nächsten stehen, weil sie nächst ihm selbst als die gelegensten Objekte in den Zusammenhang seiner Tätigkeit eintreten. Diese Andeutungen mögen hier genügen.

Es ist vielfach jetzt üblich, das Prinzip des Bösen in den Egoismus, das Prinzip des Guten in die Liebe zu etwas uns Gegenüberstehendem zu legen. Das Rechte scheint mir das zu sein, daß man erkenne, wie unser und aller und Gottes Lust so zusammenhängt, daß an das Wachstum der einen zugleich die der andern geknüpft ist, und daß, wo es anders scheint, dies eben nur zeitweiser Schein ist.

Wie soll ich mich meiner Gesundheit, meiner Kräfte, meiner Leistungen, der Achtung, der Liebe, die ich mir erworben, ja der Sinnesgenüsse, zu denen Gott die Traube hat für mich wachsen lassen, die Biene für mich nach der Blume schickt, nicht freuen, als meiner freuen, sofern ich mir dabei bewußt bin, daß diese Gesundheit, diese Kräfte, diese Leistungen, diese Achtung, diese Liebe, diese Sinneserquickungen, indem sie mir frommen, zugleich zum Frommen aller dienen, und hiermit Gott selbst gefallen. Kann der Arme, Schwache, Kranke, Gedrückte der Welt soviel dienen, als der in seinem Gott und seinem Gewissen und seinem Leibe zugleich Vergnügte; und soll er immer dies Vergnügen nur als Mittel für die Lust der anderen betrachten? Es ist unnatürlich, es ist unmöglich, und so weit es möglich, schädlich, weil es die Motive zum besten Handeln selbst kraftlos macht.

XV.

Wenn ich schon nach dem Obigen die christlichen Sittengebote als wesentlich in unser Prinzip hineintretend ansehe, verkenne ich doch nicht, daß ihre Auslegung in der Entwicklung des Christentums faktisch eine ganz andere Richtung genommen, und daß der Grund davon in der heiligen Schrift selbst gesucht werden kann. Immer ist hier nur auf die großen Grundlagen der Lust, die göttlichen Gebote hingewiesen; die einzelne Lust, die des Fleisches, dagegen als nichtsbedeutend, ja wohl verwerflich erklärt. Und sie ist es, auch im Sinne unseres Prinzips, sofern ein Konflikt zwischen beiden entsteht; aber man hat es so gedeutet, als ob die Lust überhaupt nichts bedeutend, verächtlich wäre, und hieraus sind die Mönche, die Kasteiungen, die Predigten gegen die Lust dieser Welt hervorgegangen; während doch bloß die kleine vergängliche Lust gegen das, was sie trägt, und ewig tragen wird, hintangestellt ist. Wohl mochte zu einer Zeit, wo im Heidentum jene ewigen Grundlagen des menschlichen Lustzustandes gänzlich verfallen, verrottet, zerstört waren, es vor allem darauf ankommen, nur sie wieder zu begründen, und selbst den Namen der Lust fahren zu lassen, da man die Sache eine Zeit lang fahren lassen sollte; denn man kann die Grundlagen der Lust nicht neu bauen, ohne die Lust selbst zuvor abzutragen; aber hoffen wir zu Gott, daß ein paar Jahrtausende Zeit genug gewesen sind, diese Grundlagen so weit zu befestigen, daß über dem Festen auch wieder das Schöne sich erheben könne. Das Bedürfnis dazu ist wohl da; denn schon fängt man hier und da an dem Wert der Grundlagen selbst zu zweifeln an, sofern es damit sein Bewenden haben soll.

Eine Moral und Religion muß einst kommen, nicht als Zerstörerin der bisherigen, sondern als Blüte über der bisherigen, welche das Wort Lust wieder zu rechten Ehren bringt. Eine solche wird die Klöster schließen und das Leben öffnen und die Kunst heiligen, und doch heiliger als alles Schöne das Gute halten, was nicht bloß lustzeugend ist in der nahen Gegenwart, sondern für alle Zukunft und rings im Kreise; und als das Heiligste von allem Guten Gott halten, der alles Gute in seiner Hand und alle Guten unter seiner Hut trägt und alle Bösen zuletzt unter diese Hut rettet.

Die Kirche ist zwar schon erbaut, die Gemeine schon da, wo die Lehre vom Trachten nach der größten Lust gepredigt wird; denn Gott selbst hat sie gegründet am ersten Schöpfungstage, und die Stimme seiner Predigt ist von jeher stärker erklungen als alle menschliche Predigt; alles menschliche Trachten hat von jeher die Richtung auf die größte Lust genommen. Aber ein großer Nebel liegt um die große Kirche; die Gemeinde findet sich nicht zusammen; die Worte verhallen halb verstanden und mißverstanden. Nun erhebt sich auf der höchsten Thurmeshöhe das kleine runde Gesetz von der größten Lust wie ein leuchtender Knopf, und nachdem er lange still über den Nebeln geglänzt, kommt einst eine Sonne, die sie zerstreut, und glänzender und glänzender beginnt er allmählich zu leuchten. Und wenn das Glöcklein, was den Strahl, der es der eigenen Nacht entnommen, dankbar verkündet hat, längst verhallt sein wird, wird auch wohl einst eine mächtigere Glocke tönen, die mit gewaltigerer Zunge alle zum einträchtigen Eintritt in diese Kirche rufen wird, von deren Gipfel das Licht des Höchsten wiederstrahlt.

Über tredition

Eigenes Buch veröffentlichen

tredition wurde 2006 in Hamburg gegründet und hat seither mehrere tausend Buchtitel veröffentlicht. Autoren veröffentlichen in wenigen leichten Schritten gedruckte Bücher, e-Books und audio-Books. tredition hat das Ziel, die beste und fairste Veröffentlichungsmöglichkeit für Autoren zu bieten.

tredition wurde mit der Erkenntnis gegründet, dass nur etwa jedes 200. bei Verlagen eingereichte Manuskript veröffentlicht wird. Dabei hat jedes Buch seinen Markt, also seine Leser. tredition sorgt dafür, dass für jedes Buch die Leserschaft auch erreicht wird.

Im einzigartigen Literatur-Netzwerk von tredition bieten zahlreiche Literatur-Partner (das sind Lektoren, Übersetzer, Hörbuchsprecher und Illustratoren) ihre Dienstleistung an, um Manuskripte zu verbessern oder die Vielfalt zu erhöhen. Autoren vereinbaren direkt mit den Literatur-Partnern die Konditionen ihrer Zusammenarbeit und partizipieren gemeinsam am Erfolg des Buches.

Das gesamte Verlagsprogramm von tredition ist bei allen stationären Buchhandlungen und Online-Buchhändlern wie z. B. Amazon erhältlich. e-Books stehen bei den führenden Online-Portalen (z. B. iBookstore von Apple oder Kindle von Amazon) zum Verkauf.

Einfach leicht ein Buch veröffentlichen: **www.tredition.de**

Eigene Buchreihe oder eigenen Verlag gründen

Seit 2009 bietet tredition sein Verlagskonzept auch als sogenanntes "White-Label" an. Das bedeutet, dass andere Unternehmen, Institutionen und Personen risikofrei und unkompliziert selbst zum Herausgeber von Büchern und Buchreihen unter eigener Marke werden können. tredition übernimmt dabei das komplette Herstellungs- und Distributionsrisiko.

Zahlreiche Zeitschriften-, Zeitungs- und Buchverlage, Universitäten, Forschungseinrichtungen u.v.m. nutzen diese Dienstleistung von tredition, um unter eigener Marke ohne Risiko Bücher zu verlegen.

Alle Informationen im Internet: **www.tredition.de/fuer-verlage**

tredition wurde mit mehreren Innovationspreisen ausgezeichnet, u. a. mit dem Webfuture Award und dem Innovationspreis der Buch Digitale.

tredition ist Mitglied im Börsenverein des Deutschen Buchhandels.

Dieses Werk elektronisch lesen

Dieses Werk ist Teil der Gutenberg-DE Edition DVD. Diese enthält das komplette Archiv des Projekt Gutenberg-DE. Die DVD ist im Internet erhältlich auf **http://gutenbergshop.abc.de**